dtv

»Diese Jungen und Mädchen, höre ich erzählen, haben geweint, als sie durch die Straßen zogen. Sie haben geweint, als sie die Autos verbrannten ... Sie haben geweint, als sie die Schaufenster einschlugen.« Verständnis für hilflose Wut, Beifall für Ungeduld mit dem Unrecht, Beschämung über eigene Schwächen sind selten geworden. Man ist dankbar für jede Stimme, die sich mit so viel Klugheit, mit so viel Nächstenliebe und Engagement für das Leben erhebt wie die Stimme von Dorothee Sölle. »Trauer ist: etwas organisieren gegen die Kälte«, hat sie geschrieben, »Gebrauchstexte« hat sie ihre Gedichte genannt, und es gibt wohl nichts Schöneres darüber zu sagen, als daß sie tatsächlich gebraucht werden.

Dorothee Sölle ist Schriftstellerin und Theologin. Von 1975 bis 1987 war sie Professorin für systematische Theologie am Union Theological Seminary in New York. Ihre Arbeitsschwerpunkte sind Befreiungstheologie im Kontext der reichen Welt, Theopoesie und Mystik.

Dorothee Sölle

Ich will nicht auf tausend Messern gehen

Gedichte

Deutscher Taschenbuch Verlag

Von Dorothee Sölle
sind im Deutschen Taschenbuch Verlag erschienen:
Den Himmel erden (30520)
Jesus von Nazaret (31026)

Oktober 1986
3. Auflage Oktober 2002
Deutscher Taschenbuch Verlag GmbH & Co. KG,
München
www.dtv.de
Mit freundlicher Genehmigung des
Wolfgang Fietkau Verlages, Berlin, zusammengestellt
aus den Bänden ›Meditationen & gebrauchstexte‹,
›Die revolutionäre geduld‹ und ›Fliegen lernen‹

Umschlagkonzept: Balk & Brumshagen
Umschlaggestaltung: Stephanie Weischer unter Verwendung
einer Fotografie von © photonica/Berno Hjalmrud
Gesamtherstellung: Druckerei C. H. Beck, Nördlingen
Gedruckt auf säurefreiem, chlorfrei gebleichtem Papier
Printed in Germany · ISBN 3-423-13011-3

Inhalt

Meditationen & gebrauchstexte

Die revolutionäre geduld

Fliegen lernen

Schwierigkeiten mit dem loben

Gott ist gedächtnis

Deine angst meine angst

Meditationen & gebrauchstexte

Wenn er wiederkommt

1

Ich kann es dir nicht versprechen
ich habe keine anhaltspunkte dafür
ich beobachte die illusionen der sekten mit trauer
und gedenke meiner väter mit spott

Wer kommt schon wieder möchte ich fragen
den holunder aus pommernland
und die abfalleimer beim frauenarzt
und den singsang frühaufgewachter kinder

Kein lächeln ist jemals wiedergekommen
kein engel kam zweimal
kein frieden kommt wieder

Wenn er wiederkommt
ich kann es dir nicht versprechen
aber ich verspreche ihn dir
ich ohne anhaltspunkte
dir ohne vermutung
ihn ohne ausweis
beim wiederkommen

2

»Ist auch ein unglück in der stadt das der herr nicht tue«
kann auch ein abgetriebenes wieder strampeln
singt auch ein erfrorener wieder »sind schoon da«
kriegt auch ein lebenslänglicher amnestie
wird auch nur eine puppe wieder ganz

Kann auch ein lächeln zurück in das leergewordene gesicht
trocknen auch tränen
hört es auch auf zu riechen
zwischen krakau und kattowitz
fällt auch ein stein wieder herauf

ein blitz und verseuchter regen
kann auch das verkaufte keinem gehören
kann auch ein verbrauchter ungebraucht sein

WIEDER ein wort aus der neuen sprache
wir werden es brauchen
wenn unsere goldnen trompeten
die mauern zerblasen

Alle mauern

3

Wenn er wiederkommt
wirst du dich vergessen

Nimm die gewöhnlichen umstände
die dünnen wände der wohnung
haben dir überhören verboten
der enge platz am schreibtisch
hat dir übersehen verboten
die vollen straßenbahnen
haben dir singen verboten

Ein kontrolleur war gesucht
du bist es geworden
bis er kommt

4

Nur dieses WIEDER
läßt ihn lebendig
die vermoderten kinderwünsche
das mißgeschick der verletzten
bitten nach hause zu uns
ins vertane land

Da verläßt er den heiteren himmel
kommt
wieder

verurteilt
zwischen himmel und erde zu hängen

Da bleibt er dann
da spricht er die aufpasser frei
läßt die gefolterten vergessen
den haß macht er müde
die übermüdeten bringt er zum atmen
die zitternden zum schlafen
die träumenden zum handeln
die handelnden zum träumen

Als er kam

1

Du bist ihm nötig
das ist das ganze
ohne dich muß er dranhängen
und durch den schornstein fahren
verkauft bleiben an den konditor
aufgewertet beim nächsten börsensturz
verzehrt und verraucht
ein verbrauchter
ohne dich

Du sollst ihm helfen
das ist der glaube
er schafft es nicht
sein reich
damals später und bislang
jedenfalls nicht ohne dich
ebendies ist seine unbezwingliche werbung

2

Man sagt mir
er soll keinen vater haben
er macht gesund ohne rezepte
aber ist überliefert auch für wie lange

Ein krankenhaus gegen den aussatz
mit labor
ist mehr wert
als seine liebenswürdigen anfänge
und die neue sorte weizen
die unempfindlich dem sande trotzt
ist sie nicht eine schönere geschichte
als die von zwei fischen
für fünftausend
was ist besonderes an ihm

was zeichnet ihn aus
und wer

3

Er gab antworten wenn niemand fragte
manchmal wagten sie nicht mehr weiterzureden
nicht weil sie es nicht begriffen hätten
er nahm ihnen alles weg
was heilig war und verbürgt
nichts garantierte die wahrheit

Heilig war nicht das feuer oder das neon
nicht das singen auch nicht das schweigen
nicht der beischlaf oder die keuschheit
heilig wurden in seinen reden
die füchse der brotteig die oft geflickten netze
das kaputtgemachte war sein beweis
und genaugenommen hatte er so viel gewißheit
von siegen wie wir hierzulande

Keine

4

Vergleiche ihn ruhig mit anderen größen
sokrates
rosa luxemburg
gandhi
er hält das aus
besser ist allerdings
du vergleichst ihn
mit dir

5

Es gilt dies als größe
daß er nichts sagte
als sie ihn fesselten

als sie ihn hereinstießen
als sie ihm ins gesicht leuchteten
als sie ihn fragten
als sie über ihn berichteten
als sie über ihn logen
als sie über seinen vater logen
als sie über seine mutter logen
als sie über seine Brüder logen
als sie über seine schwestern logen
als sie über seine absichten logen
daß er nichts sagte
es gilt als größe
ich weiß nicht

Wenn sie über ihn lügen
möchte ich schreien

6

Er schwitzt blut
darum sagt er
wein nicht

Er wird aufgegeben
darum sagt er
gib nicht auf

Er wird verkauft
darum sagt er
rechne nicht aus

Er wird verurteilt
für seine sache den himmel
darum sagt er
sieh hin die erde

Er fürchtet sich
vor gestern vor heute vor mir vor denen
darum sagt er
fürchte dich nicht

7

Es liegt mir wie du bemerkt hast
an abbau
wunderbare brote gehorsame welten
selbst die totenbettchen der kinder
die da schliefen
es ist geläufig
in den geschichten älterer völker

Reduziere ihn ruhig und nimm ihm
die brote den see und die kranken
du bekommst sie zurück
wenn du anfängst
mit seinen augen zu sehen
jeden tag
machen sich lahme auf den weg
zu seinem reich
gehen den blindgemachten
die augen auf

Alle seine wunder
werden zur natürlichsten sache der welt
unserer sache

8

Nicht genug wundern könntest du dich
über sein reden
er sagte ich werde mich hüten es zu übernehmen
ja es nur anzuerkennen als eine mögliche meinung
er sagte es sei mit den leidenden
bestens bestellt
den hungrigen schickte er glückwünsche
die nihilisten stellte er an die spitze
die weltmacht versprach er denen
die als untragbar gelten in allen lagern
die lagerleute vor allem
setzte er ein in hunger und armut
verzweiflung verrat und verkauf

9

Wohnend im schlamm bis zu den augen
unbeweglich gemacht vor angst
taub in den gliedern vor schmerz
blind von erinnerung

Die nannte er selig

Schlug auch den humpelnden krücken weg
um sie selig zu nennen heute

10

Ich glaube wie sie das nennen nicht an gott
aber ihm verstehst du kann ichs schlecht abschlagen
ihm sieh ihn doch an im garten wenn ihm alle davon sind die freunde
ihm dem die angst vom gesicht läuft die spucke die sie ihm drauftun
ihm muß ich es glauben

Ihn kann ich nicht überlassen
der großen verachtung von leben
dem gleichgeschalteten ablauf der jahrmillionen
dem gleichstumpfsinnigen wechsel von arbeit erholung und arbeit
der kaum unterbrechbaren langeweile in autos in betten in läden

So ist es sagen sie mir was willst du
zögernd nicht ohne kritik
schließe ich mich der andern vermutung an
die seine geschichte ist
so ist es nicht sagte er denn gott ist
und er stand ein für diese behauptung

Nachdenkend finde ich man kann
ihn nicht allein
für seine vermutung
einstehen lassen

also glaube ich ihm
gott

Wie man einem das lachen glaubt
das weinen
oder das heiraten das neinsagen
so wirst du lernen
ihm das allen versprochene leben
zu glauben

Erinnere dich an gotama

Erinnere dich an gotama jüngling aus reichem hause
der so behütet wurde um nicht zu sagen vermummt
daß er mit achtzehn jahren auf einem spaziergang durch den park
unheilbar erschrak für sein leben
er sah dort vier figuren
die man auch dir gern versteckt
die krankheit
den hunger
das alter
den tod
einer von diesen schon war genug
die mauer des gartens einzureißen
und den park zu verwüsten
und die goldenen steine mit denen sein kleid besetzt war
schwarz zu machen für immer

Da es nun vier waren und kein übersehen möglich
auch keine handvoll reis half
der alte hatte keine zähne
auch kein wort trost
der hungrige starb
auch kein beutel gold
der kranke konnte nicht gehen
auch kein vergessen
weil einer der vergißmeinnicht war der tod
da zog der aus dem schönen hause fort
und ließ kleider zurück und geld und ehren und eine frau
die jung war und gerade ein kind bekommen hatte
der gotama aber ging fort
weil er die vier gesehen hatte

Der nun von dem ich erzählen will
hat die vier auch getroffen als er durch sein land ging
in den höhlen nazareths sah er die krankheit
die rasselte dort mit der klapper
in der steinwüste traf er den hunger an
und die alten sah er vergeblich hocken bei jericho

den tod aber hat er getroffen als er am jordan stand
und sich taufen ließ von einem dem schlugen sie bald den kopf ab

Alle diese begegneten ihm
aber er wandte sich nicht ins gebirge der weisheit
sondern er lud sie zum essen ein
an einem tisch saßen sie
alter und hunger und krankheit und tod
auch zogen sie mit ihm die staubigen wege
wo es keinen schatten gab auf stunden
auch begleiteten sie ihn des nachts
denn ich nehme an daß er nicht gut schlief
gemeinhin

Heilige égalité

HEILIGE EGALITE BITT FÜR UNS
jetzt und in der stunde unsres todes

FÜR ALLE den blutenden mond bald ausgewischt
aus den kühltürmen den entsetzten rauch
den spielplatz am baggerloch
und flieder akazie und weißnichtmehr
die rote zauberblume
aufzuschließen den berg
FÜR ALLE die angst vor dem schnellen krebs
in den kniekehlen elenden schweiß
für alle den hunger nicht nur für die hälfte
für alle recht zum lachen zum weinen
für alle tote nicht nur für viele
für jeden eine kerze hier und in einem andern
land
für jeden den geigenspieler auf dem dach
daß er nicht vergißt wie anders es sein kann
für jeden die krone papier gold und dornen
FÜR ALLE ein holz mit nägeln
und einen der mitgeht bis golgatha
FÜR ALLE ein riesiges hallelujah
gesungen von allen toten
geschrien von allen gefolterten
gestammelt von allen liebenden

O REX NAZARENUS
der du ausrufst den alarm der welt
und singst den psalm der abgeschriebenen
und spielst mit den knochen der toten
SCHICK UNS DAS GROSSE FÜR ALLE
der wind der die schwarzen straßen aufwischt
das große gelächter anpeitscht
die schwarzen trompetenvögel
von aas und sonne fett

FÜR ALLE leben und mehr davon
und sterbenlernen jetzt und
in der stunde unsres todes
und lebenmögen jetzt und
in der stunde unsres todes
FÜR ALLE gott einen
der regnet und dörrt
beschädigt und notiert
und baut und fällt ein
landauf landab

Credo

Ich glaube an gott
der die welt nicht fertig geschaffen hat
wie ein ding das immer so bleiben muß
der nicht nach ewigen gesetzen regiert
die unabänderlich gelten
nicht nach natürlichen ordnungen
von armen und reichen
sachverständigen und uninformierten
herrschenden und ausgelieferten
ich glaube an gott
der den widerspruch des lebendigen will
und die veränderung aller zustände
durch unsere arbeit
durch unsere politik

Ich glaube an jesus christus
der recht hatte als er
»ein einzelner der nichts machen kann«
genau wie wir
an der veränderung aller zustände arbeitete
und darüber zugrunde ging
an ihm messend erkenne ich
wie unsere intelligenz verkrüppelt
unsere fantasie erstickt
unsere anstrengung vertan ist
weil wir nicht leben wie er lebte
jeden tag habe ich angst
daß er umsonst gestorben ist
weil er in unseren kirchen verscharrt ist
weil wir seine revolution verraten haben
in gehorsam und angst
vor den behörden
ich glaube an jesus christus
der aufersteht in unser leben
daß wir frei werden
von vorurteilen und anmaßung
von angst und haß

und seine revolution weitertreiben
auf sein reich hin

Ich glaube an den geist
der mit jesus in die welt gekommen ist
an die gemeinschaft aller völker
und unsere verantwortung für das
was aus unserer erde wird
ein tal voll jammer hunger und gewalt
oder die stadt gottes
ich glaube an den gerechten frieden
der herstellbar ist
an die möglichkeit eines sinnvollen lebens
für alle menschen
an die zukunft dieser welt gottes
amen

Antwort auf die frage der linken freunde warum wir beten

Weil es uns um die brüderlichkeit geht
aller
nicht nur der christen oder einer anderen gruppe
aller
auch derer die nach uns leben werden
in unsern städten mit unserm wasser
von uns erzogen bis ins dritte und vierte glied
aller
der toten die vor uns gelebt haben
deren träume wir verraten haben
die träume von 1789 und die von 1917
weil es uns um die brüder geht
        darum sagen wir manchmal
        VATER UNSER
weil unsere aufgabe unendlich ist
und unsere sehnsucht nicht kleiner wird im lauf des lebens
weil christus nicht der trank für uns ist
sondern der der unsern durst verstärkt
        darum sagen wir manchmal
        DER DU BIST IM HIMMEL
weil wir an orten leben
wo menschen über menschen zu sagen haben
in betrieben büros und schulen
und wissen daß herrschaft die häufigste art ist
den namen gottes zu beleidigen
        darum sagen wir manchmal
        GEHEILIGT WERDE DEIN NAME
weil wir den kreislauf fürchten
von produktion und konsum und profit
für den sie uns abrichten wollen
        darum sagen wir manchmal
        DEIN WILLE GESCHEHE
weil wir nicht ohne angst sind auch vor uns selber
nicht ohne zweifel auch an uns selber und unserem weg
nicht ohne ironie auch für unsere versuche
        darum sagen wir manchmal
        DEIN REICH KOMME
wir sprechen mit gott

immer wenn wir uns auf die neue welt konzentrieren
wir reden vom täglichen brot
und meinen den knopf der dem gefangenen in der zelle fehlt
und die niedrigen zölle für waren aus ärmeren ländern
wir bekennen unsere schuld
als eines der reichsten völker der erde
die voller verhungernder ist
als bürger eines geordneten landes
das voller verzweifelnder ist
wir vergeben unsern schuldigern
die uns um das leben betrügen
indem wir nicht aufhören ihnen bessere vorschläge zu machen
so ihre würde achtend
weil wir deutsche sind
blind vor nationalismus und krank an rachsucht
weil wir ganze länder nicht anerkennen
und grenzen des friedens nicht wahrhaben wollen
darum sagen wir manchmal
UND FÜHRE UNS NICHT IN VERSUCHUNG
weil wir untertan sind
und nicht gelernt haben herrschaft zu begrenzen
und mächtige zu kontrollieren
und es noch kaum verstehen unser schicksal mitzubestimmen
weil wir uns überlassen
der resignation und dem blinden schmerz
darum sagen wir manchmal
SONDERN ERLÖSE UNS VON DEM ÜBEL
weil wir glauben brauchen für das reich
das wir sind und bauen
und ermutigung für unsere arbeit
daß wir nicht umsonst entwerfen
darum sagen wir manchmal
DEIN IST DAS REICH UND DIE KRAFT
UND DIE HERRLICHKEIT
und setzen darauf daß gott sei
IN EWIGKEIT für uns

Wie ich höre

Wie ich höre
hat der heilige thomas
drei mittel empfohlen
zur bekämpfung der schwermut
schlafen
baden
und die betrachtung des leidens christi

Wie ich sehe
lauten die ratschläge meiner freunde
gegebenenfalles
mit jemand schlafen
trinken
und die betrachtung des eigenen leidens

Wie ich vermute
empfehlen andere meiner freunde
wenn ich sie fragen könnte
wachbleiben
arbeiten
und die betrachtung der weltkarte
die analphabeten verzeichnet
und unternehmer der rüstung

Diese jedoch
deren rat mir nützlich wäre
als korrektur
wohnen weiter ab
hinter mauern

als korrektur
wohnen weiter ab
hinter mauern

In dieser nacht
verließen die sterne ihre angestammten plätze
und zündeten lärmfeuer an
überschallschnell

In dieser nacht
verließen die hirten ihre arbeitsstellen
und schrien sich in die verkrusteten ohren
die neuen parolen

In dieser nacht
verließen die füchse die wärmenden höhlen
und der löwe wiegte den kopf
»das ist das ende
die revolution«

In dieser nacht
liefen die rosen der erde davon
und fingen das blühen an
im schnee

19 C + M + B 62

Ich habe nachgedacht darüber
warum sie losgingen
eine beträchtliche unordnung am himmel
eine dreifache lichtquelle
an unvermutetem platz
ein nichtbekannter unter guten bekannten
ist das ein grund zu reisen
auf versandeten straßen
mit faulendem wasser im schlauch
mehrere monate lang
sehen wir ab von höherem
das sie hinanzog vielleicht
davon verstehe ich wenig
dann würde ich es nennen
was sie forttrieb von hause
wo es ihnen gut gegangen sein muß
mit der weltumwälzenden tugend neuerer zeit
als neugier
diese denke ich schickte sie auf ihren weg
sie wollten nachsehen was los ist
eine eingetretene unordnung denkend begradigen
und einer unvermuteten helle
anweisen ihr gesetz ihren sinn ihren platz

Also konstruierten sie
ein verbessertes fernrohr
umsonst
nichts klärte sich auf
nur heller leuchtete ihnen
das ungewohnte
also charterten sie
nicht unvermögende leute
eine beachtliche karawane
dem licht auf die sprünge zu kommen
also verhandelten sie unternahmen kauften besorgten
planten gewitzt und gründlich das wasser die route
und die zeit der reise die nachts war
um abweichungen vom plan

verursacht durch den nicht ganz berechenbaren
lauf des sterns schnell korrigieren zu können
also begaben sie sich
auf den mühseligen weg der erforschung
unbekannter unordnung
in die welt gekommen
mittels licht

Gelang es den stern zu erklären
gingen sie nach hause
im bewußtsein größerer ordnung
reisen sie noch
den planlosen verwirrungen
himmels und der erden nach
haben sie die unvermutete helle
dem gewöhnlichen zwielicht angepaßt
oder bestand da die möglichkeit
daß sie sich anpaßten
dem erstaunlichen licht
ließ es sich benutzen wozu
sahen sie mehr angekommen
und dies vor allem
veränderten sich
die es sahen
die berichte sind karg und
anhaltspunkte nur dürftig
aber gesetzt das letzte wäre der fall
ich würde die reisenden loben
mich ihrer freuen und
so es noch leuchtet das ungewöhnliche licht
ansehen lange und öfters
um ihretwillen
mit der dringlichen hoffnung
auf veränderung

Die könige haben ein fernrohr gebastelt
unförmig schlecht transportabel
und wenig nütz auf der weglosen reise
durch sand die sie nächtlich machten
zu diesem einzigen zweck
einen stall zu besichtigen

Die schreiber haben eine reportage gebracht
den klatsch vom palast publiziert
und erfunden nur zweitausend leichen
unschuldiger kinder
zu diesem einzigen zweck
die könige hochzuspielen

Die kölner haben einen kasten gemacht
mit emaillestücken und steinen
getrieben verdickt und geschweift
ein glanzreiches stück in der sammlung
zu diesem einzigen zweck
die knochen zu heiligen

Der wolkenluftundwindeherr hat ein kind gern gemocht
das schrie und war nicht warm zugedeckt dort
für alle welt
und ihm zum geburtstag geschenkt
weil ihm nichts besseres einfiel
einen gewöhnlichen mittelgroßen stern
zu diesem einzigen zweck
daß es heller wäre etwas
in bethlehem
das liegt bei duisburg

Frieden

I

Gefragt ein gedicht vom frieden zu schreiben
schäme ich mich für die frager
leben sie sonstwo
pflegen sie hoffnungen
für wen

Es sind gase erprobt worden
für die behandlung von reisbauern
harmlos
abhängig jedoch
vom wassergehalt der luft
und vom wind

Darum schlage ich vor
vom wind zu reden

2

Reden vom wind
der kann ein einsehen haben
die reisstauden kennen barmherzigkeit
manchmal
wie freundlich ist der dschungelregen
er verschiebt angriffe
und der vierundzwanzigste dezember
senkt die verlustziffern
da kann er untertauchen
der heilige sebastian
der frieden

3

Er lehnt an einem baum
das holz ist verkauft
das land ist verpachtet
das wasser verseucht
der regen bringt die vögel um
jemand zielt auf ihn
er hebt die arme am schwarzen holz
es ist nicht vollbracht

Die revolutionäre geduld

Die zweifel des lehrers

In der phase der entmutigung
gehen die klassenkämpfe zurück
die ängste der menschen wachsen
einige frieden werden vermittelt
die völker sind nicht gefragt
welche art frieden sie wollen
die hoffnungen der opfer
wandern ab ins okkulte

In der phase der entmutigung
wächst meine sicherheit
immer unzerstörbarer
komme ich mir vor
daß der arme jesus die wahrheit bedeutet
den weg
ist mir zur zeit
kaum einen zweifel wert

In der zeit der ängste
singe ich wieder
in der zeit des unfriedens
wächst mein frieden

Aber wozu
wenn er nicht teilbar ist
wenn er nicht sichtbar wird
wenn man ihn nicht mit anderen essen kann
wenn die opfer nichts von ihm haben
was soll dieser reichtum

Wenn man ihn nicht lehren kann
ist es dann frieden

Heiliger franziskus
bitt für uns
jetzt und in der phase der entmutigung
dein bruder wasser ist vergiftet
dein bruder feuer kennen die kinder nicht mehr
es meiden uns die vögel

Über dich lächeln sie
päpste und zaren
und die amerikaner kaufen ganz assisi
samt dir
heiliger franziskus
wozu warst du da

In den steinernen vorstädten
sah ich dich herumlaufen
ein hund der im abfall wühlt
selbst den kindern
ist ein plastikauto lieber
als du

Heiliger franziskus
was hast du geändert
wem hast du genützt

Heiliger franziskus
bitt für uns
jetzt und wenn uns das wasser ausgeht
jetzt und wenn uns die luft ausgeht

Konzentrationsübung

Wenn ich ganz still bin
kann ich von meinem bett aus
das meer rauschen hören
es genügt aber nicht ganz still zu sein
ich muß auch meine gedanken vom land abziehn

Es genügt nicht die gedanken vom festland abzuziehen
ich muß auch das atmen dem meer anpassen
weil ich beim einatmen weniger höre

Es genügt nicht den atem dem meer anzupassen
ich muß auch händen und füßen die ungeduld nehmen

Es genügt nicht hände und füße zu besänftigen
ich muß auch die bilder von mir weggeben

Es genügt nicht die bilder wegzugeben
ich muß auch das müssen lassen

Es genügt nicht das müssen zu lassen
solange ich das ich nicht verlasse

Es genügt nicht das ich zu lassen
ich lerne das fallen

Es genügt nicht zu fallen
aber während ich falle
und mir entsinke
höre ich auf
das meer zu suchen
weil das meer nun
von der küste heraufgekommen
in mein zimmer getreten
um mich ist

Wenn ich ganz still bin

Ich kann dich nicht mitteilen

Ich kann dich nicht mitteilen jesus
ich mache mich lächerlich
in der riesigen kathedrale dir zu ehren
bist du nicht zu finden
in der kleinen bar an der ecke
bist du ein spinner ein lieber

Meine klugen freunde sagen mir
du kommst nicht weiter damit
das ist jetzt vorbei
du mußt andere mittel finden
für dasselbe ziel
meine dümmeren freunde sagen mir
du mußt mehr geduld haben
meine feinde wenn sie wüßten
wie mutlos ich bin
rieben sich ihre klerikalen finger

Ich kann dich nicht mitteilen jesus
du bist zu wenige du bist verbraucht
du bringst es nicht du bist allein
du bist zweideutig du bist käuflich
mit dir schläft jeder bischof

Ich bin wie die stimme eines menschen
der gegen die megaphone anschreit die ganze nacht
der gegen die läppische musik aus den kästen spricht
im touristenzentrum
der alte heimatwörter bemüht gegen statistiken
und der den verzweifelten die ihn anrufen
nur die telefonschnur dreht hin und her

Ich kann dich nicht mitteilen jesus
ich traue
den dümmeren freunden mehr als den klugen
weil sie alles teurer bezahlen

Aber ihr trost hilft mir nicht

Die bibel weitererzählen

I
Song auf dem weg nach emmaus

So lange gehen wir schon
weg von der stadt unserer hoffnung
in ein dorf wo es besser sein soll

> Haben wir nicht geglaubt
> wir könnten die angst überwinden
> die angst der alten akkordlerin
> krankgeschrieben zu werden
> die angst des türkischen mädchens
> ausgewiesen zu werden
> die angst des gejagten kranken
> eingewiesen zu werden
> für immer

So lange gehen wir schon
in dieselbe die falsche richtung
weg von der stadt unserer hoffnung
in das dorf wo wasser sein soll

> Haben wir nicht gedacht
> wir wären frei und könnten befreien
> all die kaputten typen
> das arbeiterkind das sitzenbleibt und bestraft wird
> den jungen auf seinem moped
> zur falschen arbeit geschickt
> ein leben lang
> den mann der taub und stumm ist
> im falschen land
> zur falschen zeit
> stummgemacht durch die arbeit
> fürs brot allein
> ein leben lang

So lange sind wir gegangen
in dieselbe die falsche richtung

weg von der Stadt unserer hoffnung
die dort noch begraben liegt

    Dann haben wir einen getroffen
    der teilte mit uns sein brot
    der zeigte uns das neue wasser
    hier in der stadt unsrer hoffnung
    ich bin das wasser
    du bist das wasser
    er ist das wasser
    sie ist das wasser

Da kehrten wir um und gingen
in die stadt der begrabenen hoffnung
hinauf nach jerusalem

    Der mit dem wasser geht mit
    der mit dem brot geht mit
    wir werden das wasser finden
    wir werden das wasser sein

    Ich bin das wasser des lebens
    du bist das wasser des lebens
    wir sind das wasser des lebens
    ihr seid das wasser des lebens
    wir werden das wasser finden
    wir werden das wasser sein

2
Exodus

Als israel aus ägypten aufbrach
als die unterdrückung ein ende nahm
als sie aufhörten sich ausbeuten zu lassen
als sie die antreiber loswurden
    da hörte die sicherheit auf
    da wurde es unbequem
    da sank der konsum
das volk murrt
    wollte gott wir wären in ägypten gestorben
    als wir bei den fleischtöpfen saßen

und hatten brot die fülle zu essen
denn ihr habt uns in die wüste geführt
um alle verhungern zu lassen

Als israel aus ägypten aufbrach
als die bauarbeiter nicht mehr mitmachten
und die ziegelbrenner genug davon hatten
für königsgräber zu brennen
da war es mit dem schönen leben zu ende
da kam unter ihnen die angst auf
wohin sie kämen und was nun würde
das volk murrt
hätten wir doch fleisch zu essen
wir gedenken der fische die wir in ägypten umsonst aßen
der gurken melonen der zwiebeln des knoblauchs
nun bekommen wir
nichts als manna zu sehen

Als israel die selbstbestimmung wählte
statt der fremdbestimmung
als sie die wüste nahmen statt der wohnlichen städte
als sie die wanderschaft vorzogen der seßhaftigkeit
da kamen sie nicht in das land
von dem sie gesungen hatten
nichts war da mit milch und honig
da gab es einen langen marsch
und viele starben darüber
das volk fragt sich
wir müssen wissen was wir wollen genossen
die kaufhäuser ägyptens
oder den langen marsch durch die wüste
vierzig jahre
die permanente revolution

3
Meditation über lukas 1

Es steht geschrieben daß maria sagte
meine seele erhebt den herren
und mein geist freut sich gottes meines heilands

denn er hat die niedrigkeit seiner magd angesehen
siehe von nun an werden mich seligpreisen alle kindeskinder

Heute sagen wir das so
meine seele sieht das land der freiheit
und mein geist wird aus der verängstigung herauskommen
die leeren gesichter der frauen werden mit leben erfüllt
und wir werden menschen werden
von generationen vor uns den geopferten erwartet

Es steht geschrieben daß maria sagte
denn er hat große dinge an mir getan der da mächtig ist
und dessen namen heilig ist
und seine barmherzigkeit währt von geschlecht zu geschlecht

Heute sagen wir das so
die große veränderung die an uns und durch uns geschieht
wird mit allen geschehen – oder sie bleibt aus
barmherzigkeit wird geübt werden wenn die abhängigen
das vertane leben aufgeben können
und lernen selber zu leben

Es steht geschrieben daß maria sagte
er übt macht mit seinem arm und zerstreut die hochmütigen
er stößt die gewaltigen von ihren thronen
und die getretenen richtet er auf

Heute sagen wir das so
wir werden unsere besitzer enteignen und über die
die das weibliche wesen kennen werden wir zu lachen kriegen
die herrschaft der männchen über die weibchen wird ein ende nehmen
aus objekten werden subjekte werden
sie gewinnen ihr eigenes besseres recht

Es steht geschrieben daß maria sagte
hungrige hat er mit gütern gefüllt
und die reichen leer hinweggeschickt
er denkt der barmherzigkeit und hat sich
israels seines knechts angenommen

Heute sagen wir das so
frauen werden zum mond fahren und in den parlamenten entscheiden
ihre wünsche nach selbstbestimmung werden in erfüllung gehen
und die sucht nach herrschaft wird leer bleiben
ihr ängste werden gegenstandslos werden
und die ausbeutung ein ende haben.

Emanzipation der frauen

Wir wollen nicht
so werden wie die männer
in unserer gesellschaft
verkrüppelte wesen
unter dem leistungsdruck
emotional verarmt
zu bürokraten versachlicht
zu spezialisten verzweckt
zum karrieremachen verdammt

Wir wollen nicht
die sexuellen rechte und
die sexuelle verblödung der männer
genitale leistung
in quantitäten gemessen
sex als ware
verlangt gekauft
bezahlt und vorgezeigt

Wir wollen nicht
die von männern erdachte
und beherrschte kleine familie
die nur für sich selber da ist
die menschen entpolitisiert
frauen infantilisiert
jugendliche neurotisiert

Wir wollen nicht
versorgt verschönert beschützt werden
die kinder füttern abrichten anpassen
die männer bemuttern und regenerieren

Wir wollen nicht
lernen was die männer machen können
herrschen und kommandieren
bedient werden und erobern
jagen erbeuten unterwerfen

Der lange marsch

1

Vielleicht haben wir uns das zu einfach gedacht
als wir losgingen damals
auf dem langen marsch durch die wüste
um bessere methoden zu finden füreinander dazusein

O herr haben wir gedacht mach uns zum werkzeug deines friedens
aber was kam war der lästige streit mit der behörde
die ordnung will und nicht frieden
die tägliche mühsal um nichtigkeiten
und das schreckliche alleingelassenwerden
da wurden die werkzeuge des friedens
zu querulanten und lästigen störern
der schönen einstimmigkeit

2

Viele haben es jetzt schon immer gewußt
daß nichts zu machen ist im rahmen kirche
wer kann schon jahrelang von manna leben
und keinen sinn sehen in dem was er tut

Viele haben es satt und wünschen sich nach ägypten
wo steuern flossen wie milch und honig
und die kirchen voll waren und die lieder
von allen gekannt fröhlich klangen

Wie lange soll der marsch noch dauern
was bedeutet das vierzig jahre
ist es unsere generation die verheizt wird
oder die nächste noch und wozu
lohnt sich das ziel für ein ganzes leben
voll mühe und konferenzen
kommen wir je heraus aus der erstarrung
immer nur sand und steine und keine menschen

die zusammen mit uns an der arbeit bleiben
die uns helfen eindeutig und öffentlich zu sprechen

Wenig hilfe von unten selten verstanden zur seite
und von oben der uralte trick
jede frage zur sache als disziplinarfall zu nehmen
um herrschaft zu sichern und ordnung
und die unanständige sprache des einfachen volkes
fernzuhalten von allen kanzeln

Die wüste durch die wir wandern
voll friedlosigkeit voll angst
voll ohnmacht voll verschleierung

O herr mach uns zum werkzeug deines friedens
werkzeug der konflikte nicht der einstimmigkeit
werkzeug der wahrheit nicht der umschreibenden verhüllung
werkzeug des glücks und nicht der einschläferung

Laßt uns zusehen ob das geht

3

Was brauchen wir für den frieden
wir wollen das jetzt mit dir besprechen gott
wir brauchen viel mehr freunde
um mehr frieden machen zu können
freunde aus verschiedenen klassen auch solche ohne thomas mann
freunde aus verschiedenen konfessionen auch solche mit rosenkränzen
freunde aus verschiedenen geschlechtern auch homos und lesben
freunde mit verschiedenen interessen auch solche die wir nicht mögen
freunde die miteinander eine vision teilen
vom frieden der herstellbar ist
freunde die glauben

Bewahre uns vor dem romantischen irrtum gott
die freundschaft sei ein geschenk und vom himmel
und vor dem konservativen irrtum
sie wachse in langen jahren wie bäume
lehre uns erkennen daß sie arbeit ist
und gebaut wird wie alles was gut ist für uns

Wir brauchen freunde die wissen
daß man nicht alles mit ihnen machen kann
die eine stimme haben und mitbestimmen
die solidarität üben mit dem der gemaßregelt wird
die immer angstloser werden
und so den frieden verbreiten

4

Erinnert euch an die freunde aus holland
als sie merkten daß der kaffee
den man aus angola einführt
nach blut schmeckt und nach dem napalm
mit dem man die frelimos umbringt
haben sie ein ganzes volk dazu gebracht
solchen kaffee nicht mehr zu trinken
was angola ist das weiß dort jeder
das vietnam das europäer in afrika machen

Erinnert euch an die freunde in isolotto
wie sie die messe unter den regenschirmen feiern
weil die türen der kirche verschlossen sind
wie sie das evangelium für alle erzählen
ohne angst um den toten frieden

Erinnert euch an martin luther king
und die city of resurrection
wie sie die eigene stärke erfahren im gehen
im singen im handeln
wie sie das reich des toten friedens verlassen

Erinnert euch an die priester und nonnen in brasilianischen gefängnissen
denen man wasser über den kopf gießt
damit sie nicht unter der folter sterben

Erinnert euch

Es gibt eine wolke von zeugen
wir sehen und hören von ihnen
wir lernen von ihnen freundschaft
wir teilen ihre vision

5

Erinnert euch auch der freunde von nebenan
in wanne-eickel rheinhausen oder was euch jetzt einfällt
viele haben neues versucht
mit feiern mit singen mit essen
laßt uns das neue wiederholen
unsere sache hat eine tradition
wir müssen nicht immer kämpfen und betteln
sie hat einen längeren atem als die bürokratien

Wir brauchen freunde
vielleicht haben wir sie schon
viele menschen lassen sich verlocken zum frieden
mehr als wir denken und sehen
laßt uns dem alten ruf folgen
und menschen fischen

Als sich eine schülerin das leben genommen hat

Ich habe es nicht gewußt
du hast es nicht gewußt
er sie es wir ihr sie
haben es nicht gewußt

Ich habe es nicht wissen können
ich habe es nicht wissen wollen
ich habe es nicht kommen sehen
ich habe es laufen lassen
ich habe es nicht aufhalten können

Ich habe auch nur zwei augen
ich habe auch nur zwei hände
ich habe auch nur ein telefon
ich kann nicht überall sein
ich bin nicht immer erreichbar

Ich glaube an christus sagt man
er hätte ihr helfen können sagt man
wenn ich du er sie es wir ihr sie
christus geworden sind
braucht man nicht mehr
sagt man zu sagen

Argumente für die überwindung der ohnmacht

Wir haben den längeren atem
wir brauchen die bessere zukunft
zu uns gehören leute mit schlimmeren schmerzen
die opfer des kapitals
bei uns hat schon mal einer brot verteilt
das reichte für alle

Wir haben den längeren atem
wir bauen die menschliche stadt
mit uns sind verbündet die rechtlosen in den anstalten
und die landlosen in den städten
zu uns gehören die toten des zweiten weltkriegs
die endlich zu essen haben wollen gerechtigkeit
bei uns ist schon mal einer aufgestanden
von den toten

Ernesto cardenal
gefragt nach seinem weg
zum dichter zum priester
und zum revolutionär
gab als erstes an
es sei
liebe zur schönheit gewesen

Diese habe ihn
zur poesie geführt
(und darüber hinaus)
sie habe ihn
zu gott geführt
(und darüber hinaus)
sie habe ihn
zum evangelium geführt
(und darüber hinaus)
sie habe ihn
zum sozialismus geführt
(und darüber hinaus)

Wie schwach muß eine liebe zur schönheit sein
die nichts als schöner wohnen will
wie gering eine liebe zur poesie
der schon im text genug getan ist
wie klein eine liebe zu gott
die in ihm satt wird
und nicht hungriger
wie wenig lieben wir das evangelium
wenn wir es selber essen
wie ohnmächtig die sozialistische hoffnung
wenn sie angst hat
zu überschreiten was sein wird

Friedhof in housseras
(alfred döblins grab)

Am alex die dampframme
und den blauen fluß der indianer
hier hörst du den jauchewagen rumpeln
gekocht wird mit holz hier

Begraben in den vogesen
nicht deutscher nicht jude
von der nation der kinder
und irren

Hier starb der sohn »pour la france«
und der vater die mutter pour quoi
die welt ist von eisen
da kann man nix machen

Schleifen und wächserne blumen
der schöne plunder der bäuerinnen
die hilflosen mutigen gräber
in der kirche knistert ein ofen
an der mauer
schreien die kinder
der blaue rauch geht gerade
zu spät für kain

Zu spät für abel
vom dichter nichts neues
fiat voluntas tua
schien ihm das höchst
erreichbare

Gern
würd ich ihn danach fragen
später

Gefangen

Dreimal las ich »strafvollzug«
den wir schon lange verändern wollten
bis ich merkte
da stand »sprachvollzug«
ich erschrak und sah
uns alle
im gefängnis sitzen
das »langue« heißt

Beim lesen der nadeschda mandelstam

Der dichter
beargwöhnt und überwacht seit langem
hat freunde

Der eine legt dreimal den hörer auf
wenn der gezeichnete anruft

Der andere schickt seine frau
nachzufragen wies steht
er selbst sei leider verreist

Ein dritter wird spitzel
er braucht eine bessere wohnung

Als das auto vorfuhr zum abholen
haben drei gute nachbarn
gerade geschlafen

Verleugnen verraten verlassen und schlafen
die alte geschichte der freundschaft
vergiß nicht für solche freunde
ist christus gestorben

Ein gewöhnlicher schlechter morgen

Von drei bis vier lag ich schlaflos
stand leise auf keinen zu wecken
ging ins nebenzimmer
und las
schlief wieder ein
bis ein alptraum mich weckte
ich machte frühstück für die kinder
den traum noch im magen
seinetwegen
legte ich mich noch mal hin
um besser fertigzuwerden
mit mir

Von den selbstgewollten tätigkeiten
an diesem schlechten morgen
wären die meisten unmöglich
wenn ich wie die mehrzahl der frauen
arbeiten ginge

Möglich wären
das lange wachliegen
neben dem schnarchenden mann
und die schlimmen träume
einer älter werdenden frau

Reiseerfahrungen

1
Krankenhaus in haiphong

Doan ist drei jahre alt
im kopf einen splitter
der guten bombe
die keine gebäude zerstört
nie eine fabrik still legt
selbst den brücken nichts antut

Doan ist drei jahre alt
in der guten bombe
sind millionen winziger splitter
aufbewahrt für doan
gemacht für sein füßchen
geeignet für leber und lunge

Doan ist drei jahre alt
seine mutter ist fortgegangen
der präsident der vereinigten toten
hat sie eingeladen
zu wohlstand und ewigem frieden
er hat eine gute bombe geschickt

Doan kann noch nicht schreiben
darum schreibe ich diesen brief
an die arbeiter in st. paul minnesota
ob sie nicht lieber aus plastik
ein schiffchen machen können
statt bomben denn
doan ist erst drei jahre alt

2
Der frieden

Der frieden muß sich verstecken
im unterstand steht er ein doktor
der splitter sucht in der lunge des kleinkinds

in der höhle sitzt er ein lehrer
der mädchen zeigt wie man bomben entschärft
im bunker hockt er eine mutter
die dem kleinen die brust gibt bei schichtwechsel

Unter der erde wohnt er
nicht auf erden

3
Nachtrag zum 218

Der mattenflechter tran van tho
zittert noch immer wenn fluglärm ist
seine frau die den reis getrocknet hat
als die b 52 kamen
war schwanger

Wir die in unseren entfernten ländern
lange gegen gebärzwang kämpften
nehmen partei für das ungeborene
und nennen wie sonst unsere gegner
die tötung jetzt mord

4
Der reichtum der armen

Kinder ohne schuh
das hemd schon verwaschen
dem fahrrad fehlen schrauben
sie tragen behutsam
wie man die hostie hält bei uns
das zeichen des lebens
das tintenfaß

5
Ein vergleich

In der metallverarbeitenden fabrik
in haiphong nicht weit von hanoi
hat der schlosser die bambusflöte gespielt

eine dreherin hat gesungen
ein ungelernter nahm die gitarre
Das mädchen hat von der treue gesungen
ein zweitausendjahrealtes lied
der schlosser hat ›die freude des sieges‹ gespielt
eine alte geschichte die erst morgen beginnt
und mir sind die tränen gekommen
»denk ich an deutschland in der nacht«
und an die dreher in düsseldorf
und die ungelernten bei siemens
die nicht mehr singen lernen werden
in diesem unserem leben

6
Verschiedene antworten

Überall fragen wir nach
ob er morgen kommt
oder im frühjahr
oder im frühjahr darauf
der frieden

Khoat ein alter musikprofessor
jeder kennt seine lieder vom kampf und der befreiung
läßt die kinder in deutschland grüßen
sie sollen fleißig lernen
und auch gedichte schreiben

Tho die 12 jahre ist
und piniergeschichten liebt
will »rache nehmen für meine mutter
wenn ich groß bin«

Und viên der traurig-spaßige dichter
redet der muttergottes gut zu
»liebe maria seit 1969 jahren trägst du dein kind im arm
weißt du daß vietnamesische mütter tag für tag
älter und unglücklicher werden«

Doch pham van dong der präsident des befreiten volkes
schlägt ein unbändiges lachen an

gegen die neu zerbombte winzige hoffnung
für heute und morgen
setzt er die wahrheit die einfach ist
und bombensicher
»on n'arrête pas le soleil«

Man hält die sonne nicht auf

7

Jetzt haben sie aufgehört
zu bomben und im tiefflug zu zielen
noch sind die schwerter nicht zu sicheln geschmiedet
aber die b 52 stehen still
wir lachen und weinen
te deum laudamus so sangen die väter
sollen wir nicht noch ein kind machen
sagt mir mein mann

Ich sehe den petit lac in hanoi
zwischen den trümmern suchen die menschen
hinter der pagode steigt der mond auf
aus den lautsprechern klingt musik
und die leute sehe ich
lachen
weinen
zärtlich gehen

Ja sage ich ihnen
das ist ein grund
zum kinderzeugen

8
Die neue rechnung

Der bürgermeister der stadt hanoi
mit wenig haaren und vielen falten
behauptet
erst siebenundzwanzig zu sein
er stützt die behauptung

auf das alter der republik
ho chi minh lehrte die bürger
alle gleichen alters zu sein
so alt wie sache die sie lieben

Nach dieser rechnung
sind die enkel des bürgermeisters
schon siebenundzwanzig
und später werden menschen
wie in alten büchern versprochen
tausend jahre und mehr

9
Bürgerliche musik

Der pianist maurizio pollini einst ein wunderkind
ist ausgepfiffen worden
sein konzert für 2000 menschen in mailand
wurde abgebrochen
die gebildeten leute in frack und pelzcape
mitglieder der quartettgesellschaft
tobten und schrien ihn nieder
  wir haben dich fürs spielen bezahlt
  setz dich ans klavier
er hatte keine genehmigung
sagte der konzertmanager
für eine wahlrede
wir haben nichts gegen seine ideen
aber er mußte spielen
wie im vertrag vorgesehen
  wir haben dich fürs spielen bezahlt
  setz dich ans klavier
ich hatte geglaubt sagte maurizio
sie würden mich wenigstens fertig lesen lassen
bevor sie zu protestieren begännen
ich erwartete eine debatte
nicht eine aggression dieser art
  wir haben dich fürs spielen bezahlt
  setz dich ans klavier

Und ich hatte immer geglaubt
die leute lieben den beethoven
weil er die menschliche würde komponiert
aus dem kampf und dem leiden
von der stadt hanoi hatte ich gehört
sie sei zur zeit
die hauptstadt der menschlichen würde
reichlich spät wird mir klar
daß die konzertbesucher in mailand
und meine mutter und meine brüder
einen ganz anderen beethoven
lieben und kaufen und
was das schlimmste ist
hören

Fliegen lernen

Schwierigkeiten mit dem loben

Vom gegner lernen
der jeden tag neu
innerstaatlich
aus menschen feinde der ordnung macht
aus empfindung verrücktheit
aus nachdenken verbrechen
herstellt
durch deklaration

Von den vorfahren lernen
die jeden tag neu
innerweltlich
aus dem mondaufgang glück
herstellten
durch loben
aus naturvorkommnissen gesänge machten

Von freunden lernen
die jeden tag neu
am arbeitsplatz
aus ärger kritik machen
aus angst rote und grüne hilfe
herstellen
durch agitation

Ich deklariere lobe agitiere
jeden tag neu
im lichte christi
mein und unser leben
sieh da sieh dort
sag ich gegen die angst
vor der chemischen keule
we shall not be moved
lobe ich gott

Vom baum lernen
der jeden tag neu
sommers und winters
nichts erklärt
niemanden überzeugt
nichts herstellt

Einmal werden die bäume die lehrer sein
das wasser wird trinkbar
und das lob so leise
wie der wind an einem septembermorgen

Wie sehr loben ihn die kinder
die in den tag hineinfliegen
hundert arme buddhas ausgebreitet
die reißverschlüsse noch offen
entziffern sie
das telegramm der engel
den ersten schnee

Warum ich gott so selten lobe
fragen die freunde mich immer wieder
verdammt bin ichs denn
war der bund nicht zweiseitig
daß er etwas lobenswertes tut oder vorbeischickt
und ich etwas zum loben entdecke

Ein fabelhafter kontrakt
er schickt nichts ich sehe nichts
er war schon immer stumm ich schon immer blind
das ist die melodie dieser welt

Montag war er stumm
also war ich blind
am abend torkelte eine wolke vorbei
mit goldenem rand
aber ich schickte sie weg
den kopfhörer auf
für die melodie dieser welt

Dann rief wieder einer dieser lästigen freunde an
warum ich denn so selten
er benutzte rund zwölf sprachen für das wort gott
darunter das psychoanalytische das chinesische
die frauensprache das kybernetische
und die rastafari musik
ich hängte ein

Außerdem hätte ich nichts gegen gott
wenn er sich an seine versprechen hielte

Jetzt habe ich mir vorgenommen
jeden tag drei sachen zum loben zu finden

Dies ist eine geistlich-politische übung
von hohem gebrauchswert

Sie verbindet mich
mit den müttern und vätern des glaubens
desselben kontraktes
sie lehren mich sehen
auzumachen was alles sehr gut ist
ich stelle essen bereit
für die immer hungrigen toten

Heute hat mir ein freund
der gräßlich berühmt ist gesagt
kommt uns besuchen
wir haben zeit

Und die ältere dame der volksbücherei erzählt
wie sie das kapital vom karl marx
immer zwischen die krimis stellt
kann doch mal sein sagt sie
daß einer hängen bleibt
außerdem haben wir zwei exemplare

Und meine tochter fragt mich ernsthaft
muß heidi denn in die schule mama

So lobe ich dich
deutliches licht am dienstag
für den der mir zeit schenkt
den stoff des lebens
für die die mir beibringt
subversiv zu sein
und für den anarchismus der kinder
die heute leben am dienstag
und nichts verschieben

Lob in der schrecklichen weihnachtszeit

Als der regen auf die roten mäntel der weihnachtsmänner fiel
und sie bonbons aus ihren säcken holten
und die kinder ihre eiligen mütter festhielten
und mir mir mich schrieen vor dem kaufhaus

gingen hinter mir zwei jungen
bei uns in chile ich traute meinen ohren nicht
sind die weihnachtsbäume viel größer
und der nikolaus holt alles runter ganz viel

Ich drehte mich um und sah einen menschen von zwölf
jahren mit schwarzen locken
er sagte in klarem deutsch zu dem blonden
alle kriegen was verstehst du keiner
kriegt nix verstehst du gar keiner

Dies ist eine wahre geschichte aus hamburg-altona
und drei gründe auf einmal
gott zu loben
für das gloria keiner kriegt nix gar keiner
für den engel im anorak
für das chile das war

Für das chile das sein wird

Die new yorker u-bahn
bekannt für lärm und schmutz
ist bedeckt manche sagen beschmiert
mit farben und zeichen
mit rätselhafter schrift
aus sprühdosen

Manche sagen vandalen
manche sagen künstler
gestern fand ich
in silbernem grau über der tür
bless 133

Ist 133 eine hausnummer
eine familie ein mädchen ein codewort

Noch weniger weiß ich
wer segnen soll

Aber den ganzen abend sprachen wir
über den psalm
und wiederholten
noch und noch
bless hundredandthirtythree
bless hundredandthirtythree

Der schottische richter nigel thomson
verurteilte eine ladendiebin
zum kuchenbacken
ein halbes jahr lang soll sie
jeden monat einen kuchen
groß genug
für vierundzwanzig rentner im altersheim backen

Das urteil des richters ist weise
weil es zum nachdenken bringt
über den wunsch geliebt zu werden
und die seltsamen wege zu seiner erfüllung
es ist eine ästhetische lösung
weil die strafe sinnlich bleibt und der tat verbunden
auch lehrt sie uns
die häßlichkeit von geld und haftstrafen
besser erkennen
es ist ein heiteres urteil
weil es uns heiterer macht

Der ungewöhnliche richter aus edinburgh
hat die weisheit
die schönheit
und die heiterkeit der welt
im mai 1978
geringfügig vermehrt

Sagte das einer von dir oder mir
wir hätten gut kuchen essen

Über die wahren und falschen bedürfnisse

Einer der schwarzen führer
war zu wohlstand gekommen
in einem haus lebend in washington d c
besaßen sie ein klavier
sie hatten keine gabeln
essen sagten sie
kann man mit löffeln

Bericht aus argentinien

D sagt mir
es ist eine regel im untergrund
daß du zwei tage schweigst unter der folter
das gibt den genossen zeit
zwei tage heißt frage ich auch zwei nächte
ja sagt sie sie arbeiten schicht

O gott sag ich wenn ich allein bin
falls du der erinnerung fähig bist
geh zu denen unter der folter
für zwei tage und zwei nächte
mach sie stark
und erbarm dich derer
die früher sprechen

O jesus sag ich wenn wir zusammen sind
du warst donnerstag und freitag unter der folter
du hast keinen namen preisgegeben
du bist lieber gestorben

Du hast die großtechnologie des großgottes
nicht angewandt
sonst wären
alle unsere namen verraten
und macht noch immer allmacht
technologie noch immer alltechnologie

D sagt mir
es ist eine regel im untergrund
daß du zwei tage schweigst unter der folter
und was tun wir frage ich mich
zwei tage und zwei nächte
in gethsemane
und was
tun wir

In bologna sind letztes frühjahr
unruhen gewesen von jugendlichen
die durch die straßen zogen
autos verbrannten
möbel aus oberen stockwerken stürzten
schaufenster einschlugen

Diese jungen und mädchen
höre ich erzählen
haben geweint als sie
durch die straßen zogen
sie haben geweint
als sie die autos verbrannten
sie haben geweint
als sie die möbel herunterwarfen
sie haben geweint
als sie die schaufenster einschlugen

Hunderte von kindern
haben in bologna im märz 77
gemeinsam geweint
auf den stationen des kreuzweges
mit namen
die verhöhnung
das auspeitschen
der erste zusammenbruch
die autos
die möbel
die schaufenster

Beim ausatmen
werde ich hinschlagen
ausgleiten stürzen ohne anzukommen
schuddernd vor kälte
in den welteisabgrund
betrunken von kaffee
starre ich in den blitz des black out
meine glieder sind plastikbecher
ineinandergesteckt auseinandergezogen
wenn ich diese luft noch länger atme
werde ich nie mehr etwas anderes tun als kotzen
wo es war habe ich gelesen
soll ich sein aber wo ich war
ich nichts als würgen

Da atme ich lieber erst gar nicht ein
und werde wieder und wieder lsd schlucken
und die weißen fäden auf meiner hand
wachsen sehen atmen leben
wo ich war werden orangenfäden kriechen
und die glassplitterchen verraten mir
alle farben dieser welt nur strahlender
das kleinste stück walnußschale
ist ein baum und der wind wohnt da
da wird nicht tauschwert sein noch profit
nichts ist fremd
ich bin ein teil des atems meine nägel wachsen
wie alles
ich bin
ich kommuniziere
ich bestimme mit

Ich weiß ich werde zurückgehen in die fremde
ich weiß ich werde zurückgehen in das würgen
ich werde zurückgehen in das kotzen
o fucking christ ich werde dich nicht verlassen
ich werde sterben mit allen tieren
an diesem kotzen

Und die auferstehung
da wird nicht sein plastik und lsd
da wird sein peter und sören

und hassan und rebekka
und ursula und chris
wir werden einen baum pflanzen
in kalkar mitten in babylon
was sag ich
viele bäume werden wir pflanzen
ein wald werden wir sein

Nach osten fliegend
beschleunigen wir den sonnenuntergang
der mond eben noch riesig
im grünen dämmernd
unter sich grau blau violett
und schließlich die irdischen
golden und braun und rauchig
der mond sag ich
ist nun klein kalt und strahlend hart
ich flieg nach osten und lese gramsci
der ebenfalls bemüht war
die alte sonne
schneller
verschwinden zu machen
der mond eben noch verschwistert mit allen farben
ist jetzt ein kleiner intelligenter bürokrat

Ich hätte dir gern die magnolien am broadway gezeigt
und wär mit dir zu dem alten juwelier an der 123sten gegangen
der mein armband reparieren will aus sympathie
spreche ich nicht deutsch
im central park sind selbst tulpen liebenswürdig

Was schön ist lebt schnell hier
vielleicht haben wir nicht mal zeit
für den kurzen new yorker frühling
wenn wir den flüchtlingen zuhören
die ihre geschichten loswerden müssen
und ihre angst nicht loswerden

Die studenten haben mir ein kreuz geschenkt
einer der in chile ermordet worden ist
hat es getragen
jetzt ist es für eine weile
bei mir

Ich hätte dir gern die magnolien blühen gezeigt
mitten auf der fahrbahn
und wär mit dir zu freunden gegangen
die mit den flüchtlingen leben für eine weile

Ich glaub immer weniger an das glück
das zweien ganz für sich gehört
und immer mehr an das kurze geteilte
in das die geschichten fallen aus kellern und lagern
die magnolienblüten auf die fahrbahn

Weitere gründe gott zu loben

Heute
hat meine jüngere schwester
öffentlich laut und traurig gesungen
und ich hatte noch nicht gesehen
daß sie flügel hat

Heute
ging ich ein spielzeug kaufen
und ich hasse vergleichen suchen und fragen
und ich hatte noch nicht erlebt
wie schön es ist
einen teddybär zu befreien

Heute
lief ein student weinend aus der klasse
als wir über die auferstehung sprachen
und ich wußte noch nicht
wie allein einer sein kann
mit dir

Was hast du getan wird der engel mich fragen

In diesem november
habe ich zwei vorurteile korrigiert
das gegen amerikanische e-musik mit hilfe von samuel
barber
und das gegen blumen aus seide draht und papier

Ich habe mich rühren lassen
im rahmen dessen was vorgesehen ist für meine klasse
ich habe mich an dem luxus erfreut
den mädchen in hongkong herstellen unterernährte
die in handarbeit blumen anfertigen nichts eßbares

Nenn es nicht gottlos ich sterbe bald
die internationale arbeitsteilung
blumenmacher und blumenfreunde
unter- und überernährte
spieler und hörer
nenn es nicht gottlos ich bitte dich
außerdem laß mich doch aufzählen
wieviel prozent meiner zeit meiner kraft
meines geldes meines ansehens ich ins notwendige stecke
die fehlende zwischenrolle in der kette der ausbeutung
ich spiel sie
sei nicht noch trauriger engel
ich brauche ästhetik
wie du deine flügel
gehe nicht weg frag mich wenigstens noch
glaub mir jede seidene blume und jeder ton
macht uns stärker
mut kommt nicht aus bomben
er wächst aus schönheit

Was tust du fragt mich der engel

Theologie –
aber was umhimmelswillen
macht ihr denn da?

Der heilige augustinus letzte woche
erklärt die erbsünde als eine korrumpierung des willens
die ignoranz und schwäche mit sich bringt
seit über 90 tagen streiken die bergarbeiter
dank unserer medien
sind uns die gründe unbekannt
dank unserer erziehung
wissen wir nicht was tun

Streikende farmer haben diese woche
ihre wagen vollgeladen
ein zug von zwei kilometern und
fleisch aus texas
mehl aus kansas
käse aus wisconsin
zu den bergleuten gebracht
»wir wollen sie wissen lassen
daß wir hinter ihnen stehen«

Auf der titelseite der zeitung ist ein foto
lebensmittelpakete von farmern zu bergarbeitern
es ist nicht möglich zu unterscheiden
ob die geber schwarz und die nehmer weiß sind
oder umgekehrt

Die gute botschaft von heute
handelt von fünftausend leuten
die hunger hatten und satt wurden
von zwei fischen und fünf broten

Ohne uns mit der mathematik der sache
länger aufzuhalten
lesen wir zeitung und bibel
um endlich
unsere erziehung zu überwinden

Gott ist gedächtnis

Über auferstehung

Sie fragen mich nach der auferstehung
sicher sicher gehört hab ich davon
daß ein mensch dem tod nicht mehr entgegenrast
daß der tod hinter einem sein kann
weil vor einem die liebe ist
daß die angst hinter einem sein kann
die angst verlassen zu bleiben
weil man selber gehört hab ich davon
so ganz wird daß nichts da ist
das fortgehen könnte für immer

Ach fragt nicht nach der auferstehung
ein märchen aus uralten zeiten
das kommt dir schnell aus dem sinn
ich höre denen zu
die mich austrocknen und kleinmachen
ich richte mich ein
auf die langsame gewöhnung ans totsein
in der geheizten wohnung
den großen stein vor der tür

Ach frag du mich nach der auferstehung
ach hör nicht auf mich zu fragen

Bild einer alten frau

Auf dem verschneiten friedhof vor meinem fenster
sitzt heute morgen die wintersonne
rauch spinnt kleine knäuel von der fabrik
ich denke an die alte frau h
die beim plaudern die zeit vergaß
und sich schämte als sie es merkte

Der kaffee hörte ich sagen soll sein
wie die liebe heiß bitter und süß
heimweh sagt sie mit ihren zweiundachtzig jahren
und wiederholt das wort
wie eine gute lehrerin die lernt
wenn sie lehrt heimweh

Ohne worte hat sie mich gefragt
warum sie noch hier sei
ob es erlaubt sei sich fortzuwünschen
nach so langer zeit wolle sie endlich
ich schmeckte den kaffee im gaumen
ihr leben und eines der vielen gebete
die wir nicht laut zu sagen gelernt haben

Heute nach monaten
spöttisch begrüßt von der wintersonne
denke ich an die alte frau h
mit dem vogelblick eines mädchens
drauf und dran abzuheben
an jemanden denken heißt
seine wünsche nennen können
in christus an jemanden denken heißt
eins werden im wünschen

Das reich gottes oder der große konsens

In einer neuen stadt wohnend
fehlt es mir an freunden

Es fehlen freunde die dasselbe hassen
jetzt hat man die sprudelflaschen zu passiven waffen erklärt
und die sympathie wird behandelt als sei sie der krebs
aber der haß
der minimale konsens
ist zum leben zuwenig
er reicht nur zum sterben

Es fehlen freunde die dasselbe fürchten
jetzt wächst die produktion der inneren sicherheit am schnellsten
und der etat der polizei um ein drittel bis einundachtzig
aber die angst
der alltägliche konsens
zwischen mir und der bäckersfrau nebenan
ist zum kämpfen zuwenig
er reicht nur zum weitermachen

Am meisten fehlen freunde die dasselbe wünschen
die frauen in emma träumen geschlagen zu werden oder zu schlagen
sind die mit anderen wünschen schon sprachlos gemacht
ach die vision
der große konsens
ist noch nicht nahe herbeigekommen
die schwerter sind noch nicht pflüge
die panzer noch nicht traktoren
das sicherheitsgeld schafft keine arbeit
die blinden dürfen nicht selber sehen
das reich gottes der große konsens
ist mitten unter uns
versprochen vor langer zeit

In einer neuen stadt wohnend
fehlt es mir an freunden
um glauben zu können

Als jacob sein braunes lederbüchlein mit den adressen und telefonnummern der letzten zehn jahre verloren hatte

Als jacob vier stunden lang vergeblich
das unterste zuoberst gekehrt hatte
fiel ihm die frau ein die
einen groschen verloren hatte
ohne den sie nicht sein mochte

Da erschrak er über sein suchen
seinen ärger und seine konzentration
weil die geschichte vom groschen
ein gleichnis ist für das reich gottes
das wir suchen sollen mit mindestens dem aufwand
den ein verlorenes notizbuch bringt

Jemandem sein glück glauben
ist schwerer als
jemandem die trauer abnehmen

Wir schwimmen im see
die bergkette spiegelt sich
plötzlich schnellst du dich vorwärts
ich sehe nur tropfenfäden
du hast dich in sonne wasser und bewegung aufgelöst
vor begeisterung verschlucke ich mich
und versuche nachzukommen

Über das glück miteinander sprechen
ist noch schwerer
weil wir einander kaum trauen können
es kommt mir vor
wie die sache mit heiligenscheinen
wer weiß wie sie zustande kommen
wieso leute so etwas gesehen haben müssen
welche freude dazu geführt haben muß
jemanden leuchten zu sehen

Lob der freundschaft

Und was
    tut david ohne jonathan
    und karl marx ohne engels
    und maria ohne elisabeth
    und che guevara ohne fidel
und was
    wird aus uns allen
    ohne bob und sidney brown

Freundschaft ist
    wenn abraham mit gott handelt
    um die stadt sodom zu retten
    wenn er den erhabenen herunterbringt
    von fünfzig auf zehn gerechte
    aus freundschaft
freundschaft ist
    wenn die fischer die netze weglegen
    und ziemlich ahnungslos mitgehen
    der anfang der organisation und des kampfes
    das ende des ziellosen lebens
    aus freundschaft
freundschaft ist
    wenn maria elisabeth aufsucht
    und bleibt bis die zeit zum abtreiben
    vorbei ist das würgen am morgen zu ende
    etwas neues wird kommen für alle
    aus freundschaft

Und was
    tut david ohne jonathan
    und karl marx ohne engels
    und maria ohne elisabeth
    und che guevara ohne fidel
    und jesus ohne johannes
und was
    wird aus der armen dorothee
    unter acht millionen new yorkern
    ohne bob und sidney brown

Freundschaft ist
wenn du abends ins haus der leute kommst
und mittelmäßig klavier spielend niemanden
zum zuhören oder darüberreden bringst
freundschaft ist
wenn du absolut sicher bist
daß sie nie nett zu dir sein werden
freundschaft ist
verfügbar sein und verfügen
reden können und nicht reden müssen
fragen können und
nicht verzweifeln wenn keine antwort kommt
freundschaft ist
wissen daß du spät in der nacht klingeln kannst
wenn sie dich suchen werden
die gestapo der fbi oder der stasi

Und was
tut david ohne jonathan
und karl marx ohne engels
und maria ohne elisabeth
und che guevara ohne fidel
und jesus ohne johannnes
und dietrich ohne eberhard
und was
wird aus uns allen
ohne bob und sidney brown

Dieses café am bahnhof
un joli petit ciel de paris
sagte die dame bei der ich au pair war
ich habe den louvre vergessen sogar den boul mich aber nicht
den himmel wie er hier sein kann
ich lese zum hundertsten mal deinen brief
do you know how happy you make me
endlich ist sommer geworden endlich

Im café auf der straße
im endlichen sommer früh
der verkehr nimmt zu und der himmel
zieht federwolken an
von der frau am brunnen lese ich im buch
»meine speise ist daß ich den willen meines vaters tue«
ich bin nicht hungrig
ich sehe den himmel an und höre ihre stimme
un joli petit ciel de paris sagt sie mir
do you really know how happy you make me
den willen des vaters tun
im endlichen sommer
die speise
die übereinstimmung

Transzendenz

Und was fragen sie mich immer wieder
ist diese transzendenz von der sie da reden
und wann frage ich gern zurück
haben sie denn zuletzt gewartet
auf etwas das mehr ist als menschen kaputtkriegen können
und wer frage ich gern zurück
hat denn die frage nötig außer denen die keine luft kriegen
und wohin fragen sie mich immer wieder
wollen sie eigentlich wenn es schon vor dem tode sein soll
und wieso frage ich gern zurück
können sie sich das nicht einmal mehr vorstellen das leben

Und was frage ich sie immer wieder
ist diese apartheid deren sie sich erfreuen
und wann fragen sie gern zurück
ist es denn jemals anders gewesen
und wer fragen sie gern zurück
würde es denn nicht so machen
wenn er nur könnte in afrika und in der ganzen welt
und was frage ich sie immer wieder
wollen sie denn mit der transzendenz in der freizeit
wenn den ganzen tag nur das afrikaans der unterdrücker ertönt
und was fragen sie gern zurück
hat es denn mit uns zu tun außer ökonomisch

Und wann frag ich mich ist denn klar genug geworden
daß es da keine dritten wege gibt
zwischen apartheid und transzendenz

Aufwachend in der nacht vor glück
halt ich den atem an und beschließe
die zeit zu vergessen und die frage
nach den kosten beiseite zu lassen
ich trete aus dem kapitalismus aus
was hätte ich mit ihm zu tun
und seinen definitionen des glücks

Aufwachend am morgen vor magenschmerzen
wegen der zu erwartenden trennung
frage ich mich ob nicht die preise zu hoch
die zeit unabsehbar ist
gott lese ich in dem buch bezahlt
all deine schulden
will ich es denn

Gut müßte es sein eine dritte
definition des glücks zu finden

Kein aschermittwoch mehr
und keine zeit
für staub und rauch
und die erinnerung an jenen glaskasten voll brillen
aus horn und nickel ohne rand
verbogen manche
kleinere größen auch für kinder
ARBEIT MACHT FREI

Museen ja doch niemals aschenkreuze
du sollst nichts mehr behalten
das jähe licht das heute mittag
über den hudson fiel im vorfrühling
und auf dich stürzte noch betäubt von namen
der schädelstätten draußen vor der stadt
vergiß mach schnell
und die verzweiflung die mit zweiundzwanzig
dich überfiel weil keine asche da war
in einem vaterland der mörder
die männer in den medien wußten alles
was es zu wissen gab die scham
fing damals an uns zu ersticken
ein deutsches wunder herrschte in der tat
du sollst vergessen

Kein aschenkreuz kein ritual
der löschstift funktioniert
es wird nichts auf die stirn geschrieben
und asche wäre nötig um zu wissen
woher du kommst wohin du gehst
weil sprache gut ist zum verschweigen
und nichts erinnern will

Ein altes wort wie pferd und brunnen: asche
die kinder haben sie noch nicht geschmeckt
so sterben wörter ihren glatten tod
und bergen belsen ist ein kleines nest nichts weiter
keine erinnerung ist keine sünde
so sagen sie mir ahnungslos
kein aschermittwoch mehr

Komm nicht näher
bleib stehen
so weit entfernt
wie für ein foto
ich will die luft summen hören
die zwischen uns ist
und die erdstrahlen fühlen
unter uns

Ich will so still werden
wenn ich auf dich warte
daß alles was stumm war
wieder zu mir spricht
das chlorophyll in den zellen
und die musik die pythagoras hörte

Halt inne
der abstand zwischen uns ist der raum
den ich brauche
für meine geblendeten beleidigten augen
leerhaben will ich das zimmer
abwaschen will ich den kram
die aufdringlichen gegenstände
tritt du nicht näher
laß mich warten

Ich will mich ganz leer machen
das leuchten zwischen uns nicht zustellen
den verdröhnten ton wieder hören
halt uns auf
komm nicht näher
warte wenn gehen befohlen
der raum zwischen uns ist besetzt
wie alles land das wir je betraten
wie alle luft die wir je einsogen
verschmutzt
laß den raum für uns sein
stell die maschine ab
die unaufhörlich so leise surrt
daß wir ihre sanften tötungsbefehle
nicht mehr hören

Komm nicht
bleib stehen
freisein nicht habenmüssen
schön ist das leere leuchtende nichts
zwischen zwei menschen
sein angesicht hieß es früher
leuchte über uns

Warum die klassische tradition das fleisch verdammt hat

Du hast dich im auto vorgebeugt um das fenster zu schließen
aber der schauer der durch mich fuhr
als deine hand meine schulter zufällig streifte
ich kann das nicht reproduzieren in mir
nichts kann ich wieder holen
das war doch sage ich mir aber
das fleisch ist vergeßlich

Ich halte in beiden händen ein dünnes papier
das du herausgenommen beschrieben und gefaltet hast
ich sehe was du gedacht haben mußt
jetzt wo ich von dir getrennt bin
nähere ich mich ein kleines theologisches licht in der hand
den asketischen vätern wenn auch aus anderen gründen
das fleisch ist vergeßlich

Ich frage es ab nichts zu machen
meine schulter ist unfähig zu wissen was war
mein rücken ist dumm wie ein deutscher professor
die innenflächen meiner hände sind leer und ahnungslos
was könnte ich schon über meine schenkel sagen
außer daß sie am schlimmsten sind
alles muß man ihnen tausendmal sagen
das fleisch ist erinnerungslos

Wie lehrer in der pause stehen meine gedanken herum
und konferieren mit den kirchenvätern
das fleisch ist schlicht dumm
das fleisch vergißt alles sofort
es ist lernunfähig
einbrennen müßte man ihm die wahrheit
eintätowieren was war aber auch das
hilft ihm nicht auf

Muß man denn immer wieder herumstochern
im vergangenen schreibt das fleisch
in den zeitungen die es aufgekauft hat
darf denn nichts verjähren empört sich das fleisch

und so will es auch mich überreden
froh zu sein und erinnerungslos

Gott ist gedächtnis
jetzt wo ich von dir getrennt bin
kann ich mich nicht mit dem fleisch arrangieren
meine trauer liebt alle
die gegen vergessen kämpfen
meine trauer sucht alles zusammen
was im kampf gegen vergessen hilft
meine trauer liebt gott
das ist nicht zuviel gesagt

Trauerarbeit

Sie wurde nicht einmal achtzehn jahre alt
stand auf der schwarz umrandeten karte
die feierlichkeit der leidträger
und dein unüberhörbares lachen mitten darin

Oft habt ihr die öffentlichen gebäude beschrieben
parolen und zeichen der kämpfenden
jetzt sprühen deine freunde für dich
»anne wir brauchen dich wer
braucht schon autos«

Trauer ist etwas organisieren gegen die kälte
gegens vergessen
gegen die fakten
dein unüberhörbares lachen mitten darin
hilft uns beim trauern

Als ich aufblickte in der kapelle
nicht auf den sarg unter blumen dort warst du am wenigsten
mich umsah bei denen um mich herum
die nicht überfahren worden sind
die zwölfjährigen mit kinderaugen
und die neunzehnjährigen die cool blieben ganz cool
alle sahen dir ähnlich anne
ich konnte die unterschiede nicht mehr finden
alle waren du mit oder ohne tränen
und ich hörte dich losprusten
dein unüberhörbares lachen mitten darin
deinen widerstand gegen die kälte die glätte die kälte
plötzlich
sahen alle dir ähnlich anne

Gib mir die gabe der tränen gott
gib mir die gabe der sprache

Führ mich aus dem lügenhaus
wasch meine erziehung ab
befreie mich von meiner mutter tochter
nimm meinen schutzwall ein
schleif meine intelligente burg

Gib mir die gabe der tränen gott
gib mir die gabe der sprache

Reinige mich vom verschweigen
gib mir die wörter den neben mir zu erreichen
erinnere mich an die tränen der kleinen studentin in göttingen
wie kann ich reden wenn ich vergessen habe wie man weint
mach mich naß
versteck mich nicht mehr

Gib mir die gabe der tränen gott
gib mir die gabe der sprache

Zerschlage den hochmut mach mich einfach
laß mich wasser sein das man trinken kann
wie kann ich reden wenn meine tränen nur für mich sind
nimm mir das private eigentum und den wunsch danach
gib und ich lerne geben

Gib mir die gabe der tränen gott
gib mir die gabe der sprache
gib mir das wasser des lebens

Beim fliegen

Wir halten die sonne an
seit einer stunde liegt ein streif
regenbogen am horizont aber begradigt
diese erfahrungen mit dem fliegen
die bleibende siebenfarbige gerade
und das bleibende lächeln der stewardessen
das versprechen an noah nicht mehr
will ich ersäufen das land und die tiere
und was mit dem sanften lächeln der frauen
die sich an delta airlines verkaufen

Nicht mehr will ich sagte gott
nie mehr will ich sag ich ihm
vergessen deine farben
deinen bogen jetzt röter und
vor uns verlöschend
und nicht vergessen die frauen
die ihre hände verkaufen die füße
das freundlichsein
eilen wir in das auberginendunkel vor uns
man hat ihnen den ärger genommen
das schweigen der großmütter
wenn die zum brunnen gingen langsam
die würde ja oder nein zu sagen
weiterzugehen oder stehenzubleiben
die tiefroten strahlen der sonne
streifen das gesicht einer immer noch
alterslos lächelnden jungen frau
schmerzlos ahnungslos
begradigt

»Wir gehn uns nicht verloren«
sagte ernst bloch zu mir an der haustür
neben der kleinen zypresse
jahre vor seinem tod

Mit den wünschen ist es so
manche fliegen nur so ins ziel
manche stolpern und kriechen
viele sterben zu früh
und kommen zum sperrmüll
manche rennen davon
verlassen vater und mutter
und rufen wohl nachts einmal an
von der zelle
dann wachen wir auf und wissen
da war doch was

Mit der religion ist es so
ein haus in das wünsche kommen dürfen
bekleidet oder nackt
nennen wir eine kirche
ein buch mit rufen wie
komm doch reinige mich führe uns
nennen wir ein gebetbuch
ein andenken an die gestorbenen
und ihre lebenden wünsche
nennen wir kommunion
die geschichte von einem
der gründlicher wünschte als wir
nennen wir das evangelium

Deine angst meine angst

Genauer wünschen lernen

In einem rhythmus leben mit dir
über die gleichen vögel lachen
zusammen aufstehen murren und arbeiten gehen
hungrig werden und mit dir kochen

In einem rhythmus leben gegen dich
lieben wollen wenn du lesen willst
diskutieren wenn du weinst
nüchtern sein wenn du dich betrinkst

Wünschen möchte ich lernen
mit dir und gegen dich
dasein möcht ich für dich
ohne mich aufzulösen

Dein bin ich und nicht dein
aber immer noch vielmehr dein
als ich je mein war
was man genau genommen
für einen gottesbeweis halten kann

Auf der fahrt durch die rheinebene

Seh ich den kirschbäumen wieder zu
wie vor vierzig jahren im juni
sitz ich im kirschbaum
mit dir mit dir
du warst so viel besser im spucken
ein anderer und derselbe

Du schlugst vor zu heiraten später
und ich saß zwar höher
wußte aber nicht wie herunterkommen
ohne dich ohne dich
ich war neun du erst sieben
ein anderer und derselbe

Bin ich denn jemals heruntergekommen
und habe das spucken gelernt
mit dir mit dir
sag ich mein kirschbaum du
dem anderen und demselben

Geb ich es auf herunterzukommen
ohne dich ohne dich
bleib ich noch hocken im kirschbaum
höre dem kuckuck zu
mit dir mit dir
wie lang werd ich noch leben
ohne dich ohne dich
mein kirschbaum du
ein anderer und derselbe

Über liebe lernen und dialektik

Diese tage sind elend
ich habe noch nicht gelernt
mit dir zusammenzusein
zu raten was du magst
und schon muß ich lernen
nicht mit dir zusammenzusein
zu sehen wie ich durchkomme
ohne deine hochgezogenen augenbrauen

Diese tage sind ruiniert
ich hatte keine zeit A zu lernen
und werde nach B gefragt
ich werfe tassen um und vergesse verabredungen
wie soll ich B lernen
wenn ich A nicht kann
und welchen sinn hat es bitte
ohne grundkenntnisse in A über C zu reden
unser land das noch nicht da ist

Diese tage sind schlimm
da war keine zeit für die magnolien in georgia
und für die angst deiner mutter um dich
was überhaupt hab ich denn verstanden
und wie soll ich lernen
wenn du nicht da bist
zu wachsen
in das land ohne angst
das wir für alle bauen

In den schlimmen toten tagen
werde ich wie versprochen arbeiten
ich baue aber ich wachse nicht
das ist zuwenig
auch im interesse der sache

Auf einen zettel schreibe ich dreizehn zahlen
ich wähle eine nach der andern die leitung ist tot
ich warte es knackt dann rauscht es
das nenne ich
das tiefe alte meer

Jetzt kommt der ton ich bin in deinem zimmer
ich vergesse zu atmen
jetzt summt es wieder bei dir
das nenne ich
das übers wasser gehende wunder

Dann hab ich angst ich schlucke
ich lasse noch zweimal klingeln
und weiß daß es umsonst ist
ich will nur noch eine weile
als ein ton dort sein
wo du manchmal bist
das nenne ich
die illusion der illusion der illusion

Später lege ich auf und überschlage
ob meine kräfte reichen
alles das
wie gestern
in einer stunde
in drei stunden
morgen früh
wie gestern
noch einmal zu tun
das nenne ich
den alten schatten
den tod

Trennung

I

Über den schmerz zu sprechen ist schwer
über die abwesenheit zu sprechen ist schwer
über das fehlen zu sprechen ist schwer

Die sprache ist voller erinnerung
sie stellt ständig beziehungen her
sie vergleicht die vertreibung mit dem paradies

Sie erzählt die alte geschichte
weil du dort warst wirst du wiederkommen
die sprache ist voll unausrottbarer hoffnung

Vom schmerz weiß sie sehr wenig
sie erzählt von der vertreibung
die vertriebenen läßt sie stumm

Gott hat uns kleider gemacht
die wir nicht brauchten vorige woche
arbeit damit wir nicht sterben

Ich will nicht ins eisen
ich will nicht in den krieg
ich will nicht in die todproduktion

Ich will nicht in die kirche
wo die geschichten erzählt werden
und man stillsitzen muß

Ich will das paradies nicht vergleichen
ich will in die neue geschichte
es gibt keinen maßstab für das fehlen
mit dem du mir fehlst

2

Aus erde bin ich gemacht
aus schlamm und dreck
aus blut und wasser
gern wär ich ein vogel
aus federn papier und dünnen knochen
nicht naß und blutig

Aus erde sind wir gemacht
doch sehr mobil und trennbar
verbringend die tage
in flughäfen und autos
gern wär ich der vogel
der ich einst war
leicht und vergeßlich

Gott und die erde haben gedächtnis
sie lassen sich nicht teilen
beliebig verbringen
in andere länder
gern wär ich der vogel
schmerzlos flög ich in dich
mein immer dunklerer himmel

Aber aus erde sind wir
aus schmerz

3

Der beamte hinterm schalter in der flughalle
sieht uns kommen und lachen
dann stört es ihn
daß wir tickets in verschiedene länder haben

Als sei das ungehörig
schiebt er mir meins zu
dir deins

Als sei das unser fehler
daß du dort wurzeln hast
ich hier

Als hätten wir strafe verdient
weil wir noch immer lachend
uns zerreißen

Der engel mit dem schwert
er gab uns kleider
er schickte uns arbeiten
»dieser eingang war nur für dich bestimmt
sagte der türhüter vor dem schloß
ich gehe jetzt ihn zu schließen«

Das verbrechen ist
sich beugen

Der engel mit der beamtenmütze hinterm schalter
hat die wahrheit gesehen unsere
die mir das lachen wegnimmt
das doch dir gehört

Vision eines augenblicks

Ich seh uns in einem zimmer stehen gerade angekommen
eine kleine pension das fenster zum meer
ich sehe uns uns anschauen
ohne worte
ohne bewegung
ohne berührung

Nackt in kleidern
sprachlos in sprachen
starr im leben
seh ich uns stehen

Irgendwann werden wir ein paar worte wechseln
irgendwann die sachen ausziehen
irgendwann die arme heben
und den augenblick brechen
wieder ausatmen und einatmen
wieder weinen und lachen
wein trinken und auf die uhr sehen
wieder zurückgehen in das hin und her

Nachdem wir einen augenblick lang
fort waren von allem
unerreichbar für alle
liebe: schönes vergebliches wissen
jetzt und in der stunde unseres todes

Über den unterschied zwischen dem ersten und dem zweiten gedanken

Morgens im grauen licht neben dir
wünsch ich mir dein erster gedanke zu sein
gottes erster gedanke als er erwachte du weißt
licht
licht das vor allem war
licht in dem alles sein konnte und zu sehen war
licht vom unnennbaren licht

Ohne umweg möchte ich in dir sein
ohne welt ohne die beschmutzung
ohne wachwerden und sich aufraffen
ohne anstrengung und plan
aus dem schlaf aus dem dunkel möcht ich
in das unnennbare licht

Du öffnest die augen und siehst zur decke
du suchst deine uhr und stellst fest wie spät es ist
du holst ein glas wasser und gehst wasser lassen
dann siehst du mich an deinen zweiten gedanken
dann werde ich nennbar und weine

Die pfirsiche sind reif in deinem garten
du gehst sie pflücken und du wünschst ich wär dabei
du wölbst die hand sie rund und sanft zu fassen
du drehst und lockst den pfirsich bis er fällt
wer würd ihn schneiden wie die winzer tun den trauben

Ich denke daß der pfirsich gar nicht dumm ist
das pelzchen das er trägt die sammethaare
die stellt er auf und fühlt dich rings herum
er läßt sich gerne los in deine hand
wer würd ihn schütteln wollen wie die pflaumen

Die pfirsiche sind reif in deinem garten
du gehst sie pflücken und du wünschst ich wär dabei
ich korrigiere deinen schönen wunsch jetzt
ich bin dabei doch nicht zum pflücken
erfüllung rennt die wünsche übern haufen

Love careless love

Bis gestern wußte ich nicht
daß trauer über die haut verteilt
im körper ist und berührbar
daß schmerz nicht endet
wenn wir uns umarmen
nicht weggeschwemmt wird
die unterscheidung von lust und schmerz
wird täglich weniger möglich
bis gestern wußt ich nicht wie
auf die stimme des unglücks
in dem wir wohnen zu hören

Heute weiß ich
wie leise sie spricht
der schmerz wenn du in mich eindringst
ist der schmerz von übermorgen
wenn ich fort sein werde
wenn es gestern noch sicher schien
daß ich in nichts anderes fallen kann
als in deine hände
so weiß ich heute nicht mehr
ob du noch hände haben wirst
die asche die von mir übrig sein wird
zu sammeln

Ich kaufe herbstblumen und stelle das haus voll
es riecht wie in der friedhofskapelle
wenn du schon nicht da bist
so soll doch die luft
die als du fortgingst aufhörte nach etwas zu schmecken
wieder bitter sein von moder und rauch

Wär ich eine blume
die füße schön in der erde
und wüßte der winter ist sprachlos
vielleicht wäre es weniger schrecklich
ohne flügel zu sein
hilflos an einen ort verschlagen
der hundert qualitäten hat außer einer
dem geschmack der luft

Folgen der trennung

Da wir getrennt sind
5000 meilen 1,391 sekunden die telefoneinheit
ist der himmel zu dem du sonst hochsahst leergeworden

Da der himmel entleert ist
kann ich nicht mit den anderen frauen
die hälfte des himmels tragen

Da ich nichts wirkliches trage
kommt auch niemand tanzen und uns organisieren
die pizza kommt nicht zum ofen

Da es nach nichts riecht im haus
können wir denen mit orgasmusschwierigkeiten
nichts erzählen

Da wir anderen nichts erzählen können
die liebe für unmöglich halten
sind wir nicht wirklich

Da wir nicht da sind
fehlen wir nicht nur einander
auch den bäumen den blumen dem wind

Da wir die geschwister nicht loben
werden wir zunehmend erblinden
unter dem leergewordenen himmel
der sich nicht spiegelt in deinen augen

Lieben ist abrüsten

Die zweifel die wir nährten lassen wir jetzt hungern
die angst von letzter woche kroch in ihre höhle
die kleider die wir trugen liegen auf dem boden
wir leugnen konsequent den tod von übermorgen

und reden allgemein vom sterben
an schlechter luft vergeßlichkeit und niemals singen
wir fragen uns die alten lieder ab
kennstduauch und wirdkommendiezeit warstduin eswarein-
mal

Wir werden übermorgen ohne luft sein
(fische lebendig zum verkauf)
mitten im lied gedenkend
an jedes wort das wir uns gaben

Da lernen wir das wehrloswerden
rüstung und waffen und knowhow veralten
es kommt der tod uns näher doch gewaltfrei
die kleider die wir tragen werden weggeworfen

Als wir dies für beendet hielten und für vorspiel
fing es gerade erst richtig an

Nach zehn jahren

Wenn du glücklich bist
stellt sich dein haar im nacken hoch
sprichst du schneller und machst mehr pausen
gehst du anders
mit dem gesicht zur sonne

Wenn du glücklich bist
eß ich die bittere wahrheit in stückchen
es kommt nicht von uns ich weiß ich weiß
dein glück und meins es zieht mir den mund noch immer zusammen
sie sind nicht zusammen aufgewachsen
sie blühen zu anderen zeiten

Wenn du glücklich bist
hören wir auf den kleinen tod zu füttern
der in uns hockt und fett wird
lachen wir wieder zusammen weinen wir ehelich
suchen wir eine andere art zu sterben
mit dem gesicht zur sonne

Auf die frage was glück sei
konstruiere ich folgende sätze
wenn du anrufst
werde ich vor glück weinen
wenn du anriefest
würde ich vor glück weinen
wenn du angerufen hättest
hätte ich vor glück geweint
wenn du anrufen hättest wollen
hätte ich weinen können
was gemessen an der alles beherrschenden kälte
ein glück gewesen wäre

Deine angst meine angst
du wirst sagst du von mir enttäuscht sein
du gehst sag ich bald fort
deine angst meine angst

Meine angst daß du etwas
und warum dann nicht alles vergißt
deine angst daß ich etwas
und warum dann nicht alles vermisse

Einen anruf versäumen
eine frage nicht stellen
ein glück nicht auffangen
einen kummer nicht lesen können

Meine angst deine angst
hätten wir glauben das wasser
hat uns noch immer getragen
sanft gehen die wolken
über dein gesicht

In deinen augen seh ich
herumirren
die kleinen verrückten frauen
mit braunen papiertüten
die vor sich hinreden

An meinen schultern siehst du
den wind
von der westseite manhattans
das wirre schreien in der nacht
zwischen dem schrillen der unfallwagen

In deinen händen klirrt es
dein haar schmeckt nach rauch
es kostet fünf dollar
ein haus niederbrennen
in dieser stadt

In meinen straßen riecht es
nach brot und subway
ich will wieder kommunizieren gehen
meine angst eine nacht ohne dich zu sein
mit anderen teilen

Lob des take-off

Über den grauen zerbröckelten schnee von vorgestern
steigt die maschine und hat es eilig
unter die wolkendecke zu kommen
ganz langsam dann
dringen wir ein in die graue watte
die immer heller wird bis
meine augen schmerzen vor licht
endlich das glückliche blau über uns
wir in ihm

Wär ich ein mann
ich wüßte nichts

Schön ist es einzudringen
wenn man weiß
wie es der wolke tut
schön ist es im flugzeug zu sein
und in der wolke
du zu sein und ich
in einer zeit

Schön ist die penetration
und das take-off

Kensigton park im kühlen sommer
zwei drachen hängen flau ich könnte
hier leben eine zeitlang sag ich
mit dir sag ich nicht und fang an zu träumen
wenn du deinen arm zum beispiel um meine schulter legtest
plötzlich weiß ich genau was ich mehr als alles will
deine hand auf meinem rechten oberarm spüren
ein wenig unter dem ärmel

Welchen sinn könnte es haben so etwas zu sagen
das sprechen ist ausverkauf der gefühle
meine alleingelassene haut schuddert
ist dir kalt sagst du und ich immer klarer
immer verzweifelter lächelnd über das
was worte nur noch unerreichbarer machen
immer abhängiger laß ich mich fallen

Die reinheit des herzens sagt der engel
den wir uns ausgesucht haben unsere liebe zu schützen
vor dem alles besudelnden zustand der ökonomie in der wir leben
die reinheit sagt sören ist eines zu wollen
nämlich das gute

Ohne deine hand ein wenig unter der schulter zu spüren
möcht ich die nächsten zehn minuten in kensington park
nicht sein leben würd ich das jedenfalls
kaum nennen ein halbes teil bin ich
nichts kann man damit anfangen

Was tun wir denn mit andern zusammen außer
in der ökonomie des schmutzes
immer unmöglichere wünsche zu wünschen
die tauschwerte zerschlagen
eins sein wollen über das was wir schon kennen hinaus

Die reinheit des herzens ist uns so unbekannt
wie dem schlaff hängenden drachen der wind
die reinheit des herzens ist uns so bekannt
wie dem schlaff hängenden drachen
der wind

Pool spielen zeigst du mir
die linke hand am tischrand
zwischen den fingern den stock
korrigiert sie führt sie
ich verstehs nicht
den berechnenden stoß

Deine linke am tischrand
gelassen und gespannt
irritiert mich
wie pool
wie männer manchmal
die ohne gier heiter sind

Deine hand die sonst im labor
versuche anordnet und mißt und feilt
macht mich die hälfte meines lebens vergessen
weil ich sie nicht mehr brauchen werde

Deine gelassene hand
lehrt mich lassen und halten
zielen und absichtslos sein
pool spielen und gott loben

Wegen der zärtlichkeit deiner intelligenz
und der intelligenz deiner zärtlichkeit

Das licht
spielt mit dem schatten auf dem boden des laubwalds
licht sagt es zum licht und bald zum schatten
so definiert es das spiel
wie du tust mit mir
licht sagst du und machst daß die stellen meines körpers
die jetzt im schatten deiner berührung sind
sich neu definieren

Dieses spiel macht uns
dem boden des laubwalds ähnlich
und antwortet so auf die alte frage
wohin wir gehen
wohin wir gehen werden
im glück und im tod
im glück
und in seinem schatten

Beschreibung eines telefongesprächs

Unser glück schlingert sanft und faul
du kennst doch den rhein hinter düsseldorf
dein lachen macht mich lachen
deine stimme ist wie zimt
diesen vergleich findest du etwas weitgehend
so gerate ich ins erzählen
von apfelklößen als ich sieben war
ausnehmend sauber gewaschen im bett
hat es denn je einen samstagabend ohne zimt gegeben

Und langsam läuft unser glück
sanft und faul in die rote erde
von georgia die pfirsiche dort verblüht
pelzige grüne nüsse jetzt
werf ich dir an den kopf
mein werfen macht dich wieder lachen
ich werde zimt auf keinen fall streichen

Und langsam tuckert unser glück
sanft und faul und stinkend
du kennst doch den rhein hinter düsseldorf
verläuft sich macht pfützen fließt wieder
und wird noch in diesem jahr
du wirst sehen der mississippi ich werde
sie tuten hören die alten dampfer
mit dir schlaf jetzt sagst du ich tus

Gegen die alles beherrschende kälte

Auf die frage ob ich marxist sei

Täglich nehm ich den hörer zur hand
wähle und spreche
wie anders wäre mein leben
vor der erfindung des telefons
wieviel schlimmer das hiersein
für die frau aus griechenland
wenn sie sonntags zum bahnhof geht

Du hast nicht die frage gestellt
ob ich bellist sei
und aus respekt für alexander g bell
ohne den wir ärmer wären
noch ärmer stell dir vor
nenn ich mich nicht nach ihm

Noch nach dem großen erfinder
aus trier

Chile im sommer 1978

1

An das betteln kann ich mich gewöhnen
mal geb ich mal nicht
aus eile
gleichgültigkeit
oder mangel an kleingeld

Schlecht gewöhnen kann ich mich
an die unaufhörlich redende alte frau
ihr mann ist vor fünf jahren geholt worden
sie gibt mir ihre adresse
weil niemand ihr schreibt
aus eile
gleichgültigkeit
oder mangel an zeit

Nicht gewöhnen werd ich mich
an das foto eines 22jährigen
der zuletzt im folterzentrum gesehen worden ist
vor anderthalb jahren
seine mutter sieht mich an
und ich nehme das foto
und trage es mit mir herum
trotz eile
gleichgültigkeit
und chronischem mangel an zeit
wie man ein kind trägt
monatelang
das foto in meiner tasche

Und ich verspreche dir
mutter von 551054 stgo
mich nicht zu gewöhnen
an das verschwinden
an das alleingelassenwerden
an das betteln
deinetwegen

werde ich mich an nichts gewöhnen
werden wir es uns nicht wohnlich machen
im zusammenhang
von betteln und verschwinden
von folter und fußball
von angst und profit

2

Mädchen aus chile
das lange glatte haar
über dem breiten gesicht der indios
ich sehe dich den hörer auflegen
in der telefonzelle
und lächeln
und über die straße gehen
und lächeln
und weiß was du gesagt hast
und wem

Mädchen aus chile
gestern sah ich eine deiner schwestern
auf dem bett liegen vor schwäche
weil sie seit vierzehn tagen nicht ißt
für ihren vater
abgeholt verschwunden gefoltert vielleicht ermordet
mädchen aus chile
gestern sah ich deine schwester
dein lächeln lächeln
unter den sanften unbewegten augen
als sie von ihrem vater sprach
und von ihren kopfschmerzen
und von ihrem vater

Mädchen aus chile
in deinem land gehören zusammen
die liebe und der hunger
das lächeln und der streik
die frauen und die stärke
mädchen aus chile
kleine schwester

nur bei euch
teil dein lächeln mit uns
deinen hunger nach recht
deinen kampf
der schön macht

3

Ohne sprachkenntnisse

in einem fremden land zu sein
macht dich aufmerksamer
für die wortlosen gesten ringsum
es wächst auch der schmerz
den worte zu mildern pflegen

Aus diesen beiden gründen
hab ich in santiago de chile
mehr geküßt und gelächelt
als zu anderen zeiten meines lebens
auch habe ich mehr geweint
zusammen mit denen
deren einzige sprache
die gehört und verstanden wird
hunger ist

Das verhalten von tieren im krieg
ist ein interessanter gegenstand der forschung
tiger zum beispiel
änderten science zufolge ihre gewohnheiten
in den letzten vierundzwanzig jahren
maschinengewehrfeuer zum beispiel
verbinden sie jetzt mit
verletzten schon toten aber noch warmen körpern
das früher bedrohliche geräusch
hat jetzt einladenden charakter
die alte reaktion zu fliehen
wird abgelöst durch die klügere
beute zu machen
nicht alle tiere leiden
science zufolge
unter dem krieg

Kurze anleitung richtige von wahren sätzen zu unterscheiden

Sie können in jedem dorf alles kaufen
sagt strauß über chile
bis auf kaviar

Das stimmt
die läden sind voll die importzölle niedrig
täglich tauchen unbekannte waren auf
strauß beobachtet genau
und beleuchtet treffend
die wirtschaftliche lage des landes

Welche fragen haben herrn strauß bewegt
bevor er das statement abgab
sieht er ein dorf so fragt er nicht
was da angebaut wird
sondern was gibts da zu kaufen
riecht er eine ware so fragt er nicht
was gebraucht wird
sondern kann man sie überall absetzen
trifft er menschen so setzt er voraus
daß sie kaufen wollen

Strauß sagt nicht
wie viele arbeit haben
was bohnen und brot kosten
wie die löhne liegen
er sagt nicht
jeder zweite chilene
oder fünfzig prozent der bevölkerung
oder fünf millionen leute
leben unter der armutslinie im elend
er sagt nichts über den halben liter milch
den die kinder zur zeit allendes gegen die folgen der unterernährung
täglich bekamen
ohne zu kaufen

Über die freiheit sagt strauß
daß sie darin besteht
in jedem dorf
alles
kaufen zu können
bis auf kaviar

Lies diese zeilen noch einmal unter der frage
wo du den kleinen strauß in dir findest
er hält sich gut versteckt
beachte drei alte regeln
das richtige ist teilbar in stückchen
das wahre unteilbar
die lüge ist darum so mächtig
weil sie immer noch kleine agenten
in unseren häusern und herzen hält
das richtige braucht dich nicht
die wahrheit braucht uns
sieh zu
daß du nie über milch schweigst
mit hilfe von kaviar

Nach der ermordung von elisabeth käsemann

1

Eine rose ist eine rose ist eine rose ist eine rose
sagte gertrude stein die mutter moderner ästhetik
aber eine tote ist nicht eine tote ist nicht eine tote
        ist nicht eine tote
ein wegsein ist ein wegsein ist ein wegsein ist ein wegsein
aber ein verschwinden ist nicht ein verschwinden ist nicht
        ein verschwinden ist nicht ein verschwinden
eine für die nationale sicherheit notwendige exekution ist
        eine für die nationale sicherheit notwendige exekution
aber ein tod ist nicht ein tod ist nicht ein tod ist nicht
        ein tod

2

Es ist nichts zu wissen
nicht durch exhumierung
nicht durch obduktion
nicht durch befragung von zeugen
es ist nichts zu wissen
über die folter
außer du steigst
in die eigene angst hinab
vor der preisgabe der genossen
in der tortur
die keine spuren läßt an dir
es ist nichts zu wissen
außer du läßt die eigene angst los
und erreichst den punkt ohne wiederkehr
an dem sie gelebt haben muß
und du wirst leben müssen

»Denn alle kreatur braucht hilf von allen«

Das kobaltblaue glas auf meinem schreibtisch
unregelmäßig geblasen
der wasserspiegel sichtbar
die hellen fäden glitzern
es schimmert licht im netz

Gut ist es ein glas wasser zu trinken
wenn ein schmerz zu schlucken ist
gut ist es in der stunde der demütigung
an die zu denken die mit ihren händen
und ihrem mund
weit fort von hier in spanien
etwas hergestellt haben
an das ich mich halten kann
meine hände sind kalt
beschädigt zu nehmen zu geben
hilfe wäre jetzt zuviel verlangt

Aber ich möchte nie mehr so jung sein
daß ich ohne dankbarkeit lebte
für die schöpfung
daß ich blind würde in einem vergeblichen schmerz
für die schöpfer
die arbeiter
daß ich vergäße
das von schwestern und brüdern gemachte schimmernde blau

Annäherungsversuche in trauer und kurzer zeit

Während wir sprachen
es wetterleuchtete und endlich
regen aufkam
eine stunde lang hab ich
mir gewünscht
daß du deine hand auf meine legst
während wir sprachen
ende mai

Mit den wünschen ist es so
manchmal gelingt es sie umzutauschen
gegen etwas nicht ganz so unmögliches
dann bleibt wohl der vorige schmerz
doch anders
öfter sterben sie einfach
den kleinen tod
jeden tag denselben
du hast mich nicht rufen hören
ich sprach die falsche sprache

Wenn alle wünsche verwelkt sind
werde ich tot sein
auch für mich
aber zäh wie der kuckuck
schrei ich den ganzen juni

Definitionen des erwachsenseins

Gott fluchen am morgen
ihn loben am abend

Kluge zehen haben
das tanzen anfangen
die finger spitzen

Ein lehrer werden
die leidenschaft für die ungeschickten
genausein für die
die sprachlos gemacht worden sind
genauwerden mit ihnen

Arbeiten so
daß das ergebnis jederzeit im prozeß aufscheint
lieben so
daß das ergebnis jederzeit
auch im schmerz
leuchtet
den morgenstern sehen er
bleibt nicht ewig aus
das glück nicht nur vom hörensagen kennen
es anfassen
mit verbrannten händen

Ich schicke dir
unter aufgeklärten protestanten
die kleine madonna aus ostrov
auf din a 7 vierfarbendruck
in deine bibel zu legen
oder daß du sie öfter ansiehst
steck sie zu deinen credit cards

Ich schicke dir eine
der sie das lächeln genommen haben
die ihr kind nicht liebhält
der sie das licht nehmen werden vom gesicht
den morgenstern auslöschen in ihren augen
ach die sterne in deutschland du weißt ja
sind im gas geblieben und leuchten nicht

Ich schicke dir
statt eines fotos
die kleine madonna ohne glorie
daß sie dich öfter ansieht
den ich nicht kenne dich
die ich nicht kenne mich
die kleine madonna aus ostrov
auf din a 7 vierfarbendruck
eine stärkere hilfe für uns
gegens vergessen
wüßt ich jetzt nicht

Penelope oder über die ehe

Jetzt ist es zu spät das warten zu verlernen
so viele jahre sitz ich nachts wach und zertrenne
das am tag mühselig gewebte
all die fäden der bitterkeit und der bitte
komm sag ich dir
nicht: ich will kommen
bleib sag ich dir
nicht: ich bliebe gern
wieder sag ich dir nicht: für immer
jetzt sind die transvestitenträume ausgeträumt
das mädchen das zur see fahren wollte fliegt über bord
so viele jahre war ich nachts wach und zertrennte
das am tag mühselig gewebte
eine frau werden wer könnte sich so was vornehmen
jetzt ist es zu spät das warten zu verlernen

An eine junge freundin die schreibt

Der hervorragende deutsche verlag
wirbt diesen herbst mit zweimal zwölf fotos
von klassikern und modernen
mach dir nichts vor sie haben
das hervorragende deutsche merkmal
gemeinsam die abwesenheit
von einundfünfzig prozent aller menschen
fällt auf wie beim chirurgenkongreß
und bei den philharmonikern
gar nicht also
die werbung bürgt
für die hervorragende deutsche tradition
des offizierskasinos

Ein gedicht von der eiszeit/von dem einundfünfzigsten psalm/von der kleinen seejungfrau und von dir

Schaffe in mir gott ein anderes herz
wärmer als die eiszeit
gib mir die kraft zum schwimmen
eingetaucht im pool
getragen denk ich mir könnt ich mehr tragen
ich möchte daß meine klarheit wächst
aber es wächst nur täglich
meine angst um dich
verbündet mit meiner angst
vor dir

Unter der eiszeit stell ich mir vor
das langsame vorrücken der gletscher
die eisfelder übernahmen das kommando
das heißt sie gingen nicht weg im frühjahr
es war zuwenig was wegschmolz

Kurz blieb der sommer

Hat sich das land nicht gewehrt
ich meine die erde die alten wurzeln in ihr
die bäume die saft hochsaugen
die wiesel und marder in höhlen
und was war mit dem gras das immer wieder kommt
es hat doch nein gesagt als die eiszeit kam
ist nicht nach süden emigriert mit den tieren
es ist doch
den widerstand lehrend
geblieben

Lang ging der winter

Ich möchte daß meine wärme wächst
aber es wächst nur täglich
meine angst vor dir

Immer wenn wieder winter kam
das war wie zwischen uns
die sonne sprach nicht mit der erde
die erde versteckte alles was sie hatte
nicht einmal die farne rollte sie auf
und wußte nicht wohin mit den kleinen weißen
und den sumpfgoldenen blumen
ihr könnt nicht heraus sagte sie
er schlägt euch tot sagte sie
da gibts nichts zu lachen sagte sie

Schaffe in mir gott ein herz ohne angst
und gib mir wenn du schon dabei bist andere füße
ich will nicht auf tausend messern gehen
das stolpern das hinschlagen das bluten
ich will nicht immer nur zu vermeiden suchen
statt mit dem pfleilgeraden schlag meiner rückenflosse
mich vorzuschnellen wie früher

Eine frau sein ist auf dem land leben müssen
nicht schnell sein und leicht fortkönnen
im wasser von dem immer gesagt wird
es spiele
auf dem von männern besetzten
geordneten lande

Ich will nicht zurück zu den fischen
fortgegangen bin ich schon von der prächtigen großmutter
deinetwegen du weißt und versuche
das auf den messern gehen

Schaffe in mir gott andere füße
den neuen gang

Schaffe in mir gott ein herz ohne angst
ist nicht die erde dageblieben unter der eiszeit
konnte sie auch emigrieren
ist sie geblieben hat sie gewartet

Ich möchte daß meine liebe wächst
wie die erde unter dem eis
die sich bewegt und dort bleibt
die sich zurücknimmt und kleinmacht
und bleibt
länger als jeder winter

Mit dir singen möchte ich wieder
nicht nur zuhören oder mich ganz vergessen in tönen
ich möchte mit dir gedächtnis haben
und den morgen land den wir noch brauchen

mit dir singen möchte ich wieder
nicht nur zuhören oder mich ganz vergessen in tönen
ich möchte mit dir gedächtnis haben
und den morgen land den wir noch brauchen

Es wird kälter wenn du allein für dich ißt
wenn du allein trinkst
wenn du dich zudeckst
mit trauer

Schaffe in mir gott die erde

Wünsche im garten der barbara hepworth

1

Ich möchte mich zurückkugeln
und das werden
was ich nicht sehe
und darum
sehe

Ich möchte die innenseite deines meridians
begleiten mit meinen händen
und die demut vom metall lernen
wasser soll auf mir liegen
und licht
soll spielen
im leeren das ich sein werde

Ich möchte theologie schreiben
die so über das fehlende spricht
daß es vermißt wird
und anwesend

2

Die sprache
taugt nicht zwei dinge auf einmal zu sagen
angebunden an den karren der zeit
mitgeschleift über stock und stein
der geschichten des folterjahrhunderts
kann ich nicht
stein sagen und licht sagen zugleich
kann ich nicht wissen
daß vor uns zur zeit der menhire
bereits alles sehr gut war

Nicht zuhause bin ich
im haus der zeit
unerwachsen

lauf ich hinter dir her
barbara hepworth sprich du
in steinen und laß das licht spielen
sag was ich nicht sagen kann
und nicht vergessen will
sag daß alles sehr gut
ist

3

Der psalm den ich schreibe
aus steinen und dem fehlen von steinen
hat sie ihn vorgesprochen
eine angstfreie kunst

Mit dir im garten
braucht unser glück immer weniger worte
und berührung
zwischen steinen und dem fehlen von steinen
das wir gewöhnlich raum nennen
zerfließt nichts
leicht und stabil
macht uns das schon geformte
entlang der rundung aus marmor
gehen wir anders
halten uns gerade
beziehen wir uns
auf steine und das fehlen von steinen
kommen nicht nur voran
endlich gehen wir wieder
hören die steine musizieren
hiersein ist herrlich sagen sie
uns den vergeßlichen

Jetzt lernen wir von den steinen
nichts für tot zu halten
unser psalm wird
ein angstfreies lied
heute nacht werden wir anders
zusammensein
und morgen den aufrechten gang
üben

Maine oder eine landschaft zu lieben

Es genügt nicht zu lesen
was wasser und erde auf die steine geschrieben haben
nicht das alte laub zwischen den zehen zu spüren
und die wilden kirschbäume zu finden
unvermutet blühen sie über und über
für keinen

Es genügt nicht sich zu verirren
in den großen wäldern durst haben ein paar stunden
und nicht mehr wissen wo
der verwilderte apfelgarten lag

Es genügt nicht am strand zu sitzen
die inseln fangen die wellen ab
es ist windstill und ich habe einen grauweißgestreiften stein gefunden
ich bring ihn dir es genügt nicht

Weil es so schwer ist eine landschaft zu lieben
ohne gleich ein tourist zu werden
der alles vergessen will und sich beliebig auflösen kann
brauch ich die spuren der menschlichen mühe
die hölzernen lobsterfallen gestapelt
und die roten und gelben bojenköpfe am hafen

Fang ich erst an eine landschaft zu lieben
brauch ich auch licht das von gestern nachmittag
aus glas und milch das mystische
licht des nordens
das die konturen verschwinden macht
und sanft ist eine umarmung
zwischen bruder und schwester

Ich brauche die sichtbare arbeit
und die erinnerung an die klassenkämpfe
in einem licht das nicht unseres ist

Wäre es anders
könnte ich fortgehn
und verschwinden
wo die kirschbäume blühen werden
auch nächstes jahr

Ein gästebuch

Ich möchte mich unter deinem namen einschreiben
obwohl ich eine art namen schon habe
was in der welt könnte wert sein
daß ich es dir nicht geben wollte

Meine schwestern denkt nicht ich sei treulos
der sache derer die namenlos gemacht worden sind
ohne wissen und willen
die ihren namen finden müssen

Versteht mich ich möchte
das weggeben lernen nicht das festhalten
das namenloswerden nicht das identischsein
das lieben nicht nur kämpfen und hoffen

Ich möchte die quengelnde witwe im evangelium sein
und nicht der richter werden der schließlich weich wird
das sanfte wasser möcht ich werden
und nicht der aushöhlbare stein

Ganz ohne namen möcht ich sein
und in den himmel kommen
aber wie das lernen in einer zeit
da nummern präpariert werden
für jeden von uns

Gioconda Belli im dtv

»Die große Poetin Nicaraguas, eine der wichtigsten Stimmen in der Literatur Lateinamerikas.«
Abendzeitung

Bewohnte Frau
Roman · dtv 11345

Die junge Architektin Lavinia führt in ihrer lateinamerikanischen Heimat das unbeschwerte Leben einer unabhängigen Frau aus der Oberschicht. Dann aber verliebt sie sich in Felipe, der mit der Untergrundbewegung des Landes zusammenarbeitet ...

In der Farbe des Morgens
Gedichte · dtv 11565

Tochter des Vulkans
Roman · dtv 11678

Sofia fühlt sich in ihrer Ehe mit dem patriarchalischen René eingesperrt. Aber die rebellische Frau weiß sich zu wehren ...

Zauber gegen die Kälte
Erotische Gedichte · dtv 12577

Waslala
Roman · dtv 12661

Faraguas, eine vergessene Welt am Amazonas. Mit dem amerikanischen Journalisten Raphael begibt sich die junge Melisandra auf eine von Leidenschaft und Abenteuern gezeichnete Reise ins Innere des Landes. Mit ihm will sie Waslala finden, den Ort der ewigen Träume ...

Wenn du mich lieben willst
Gesammelte Gedichte
dtv 12722

Marlen Haushofer im dtv

»Was das Werk der Österreicherin prägt und es so faszinierend macht, ist bei all seiner Klarheit sanfte Güte und menschliche Nachsicht für die ganz alltäglichen Dämonen in uns allen.«
Juliane Sattler in der ›Hessischen Allgemeinen‹

Eine Handvoll Leben
Roman · dtv 8461
Eine Frau stellt sich ihrer Vergangenheit.

Die Frau mit den interessanten Träumen
Erzählungen
dtv 11206

Schreckliche Treue
Erzählungen
dtv 11294
»... Sie beschreibt nicht nur Frauenschicksale im Sinne des heutigen Feminismus, sie nimmt sich auch der oft übersehenen Emanzipation der Männer an ...« (Geno Hartlaub)

Die Tapetentür
Roman · dtv 11361
Eine berufstätige junge Frau lebt allein in der Großstadt. Die Distanz zur Umwelt wächst, begleitet von einem Gefühl der Leere und Verlorenheit. Als sie sich verliebt, scheint die Flucht in ein »normales« Leben gelungen ...

Die Wand
Roman
dtv 12597
Eine Frau findet sich eines Morgens in einem Jagdhaus in den Bergen abgeschnitten von der Welt. – Marlen Haushofers Hauptwerk und eines der Bücher, »für deren Existenz man ein Leben lang dankbar ist«. (Eva Demski)

Die Mansarde
Roman
dtv 12598
»Ich habe einen bürgerlichen Mann geheiratet, führe einen bürgerlichen Haushalt und muß mich entsprechend benehmen. Der Abend in der Mansarde genügt für meine unbürgerlichen Ausschweifungen.«

Himmel, der nirgendwo endet
Roman
dtv 12599
Ein autobiographischer Kindheitsroman.

Anna Mitgutsch im dtv

»Hier ist eine Autorin am Werk, die in puncto psychologischer Kompetenz nicht so leicht ihresgleichen hat.«
Dietmar Grieser in der ›Welt‹

Die Züchtigung
Roman · dtv 10798
Eine Mutter, die als Kind geschlagen und ausgebeutet wurde, kann ihre eigene Tochter nur durch Schläge zu dem erziehen, was sie für ein »besseres Leben« hält. Ein literarisches Debüt, das fassungslos macht. »Dieses Buch muss gelesen werden ..., weil es eines der wenigen Bücher ist, die in ihren Leser/innen etwas bewirken, etwas bewegen, vielleicht auch etwas verändern.«
(Ingrid Strobl in ›Emma‹)

Das andere Gesicht
Roman · dtv 10975
Sonja und Jana verbindet von Kindheit an eine fragile, sich auf einem schmalen Grat bewegende Freundschaft. Später gibt es Achim, den beide lieben, der beide begehrt, der sich – ein abenteuernder, egozentrischer Künstler – nicht einlassen will auf die Liebe ...

Ausgrenzung
Roman · dtv 12435
Die Geschichte einer Mutter und ihres autistischen Sohnes. Die Geschichte einer starken Frau und eines zarten Kindes, die sich selbst eine Welt erschaffen, weil sie in der Welt der anderen nicht zugelassen werden.

In fremden Städten
Roman · dtv 12588
Eine Amerikanerin in Europa – zwischen zwei Welten und keiner ganz zugehörig. Sie verlässt ihre Familie in Österreich, wo sie sich nie zu Hause gefühlt hat, und kehrt zurück nach Massachusetts. Dort versucht sie an ihr früheres Leben und ihre Herkunft anzuknüpfen. Doch ihre Erwartungen wollen sich auch hier nicht erfüllen ...
»Mitgutsch schreibt aus dem Zentrum des Schmerzes, und sie schreibt, als ginge es um ihr Leben.«
(Erich Hackl in der ›Zeit‹)

Angelika Schrobsdorff im dtv

»Die Schrobsdorff hat ihr Leben lang nur wahre Sätze geschrieben.«
Johannes Mario Simmel

Die Reise nach Sofia
dtv 10539
Sofia und Paris – ein Bild zweier Welten: Beobachtungen über Konsum und Liebe, Freiheit und Glück in Ost und West.

Die Herren
Roman
dtv 10894
Ein psychologisch-erotischer Roman, dessen Erstveröffentlichung 1961 als skandalös empfunden wurde.

Jerusalem war immer eine schwere Adresse
dtv 11442
Ein Bericht über den Aufstand der Palästinenser, ein sehr persönliches, menschliches Zeugnis für Versöhnung und Toleranz.

Der Geliebte
Roman
dtv 11546

Der schöne Mann und andere Erzählungen
dtv 11637

Die kurze Stunde zwischen Tag und Nacht
Roman · dtv 11697

»Du bist nicht so wie andre Mütter«
Die Geschichte einer leidenschaftlichen Frau
dtv 11916

Spuren
Roman · dtv 11951
Ein Tag aus dem Leben einer jungen Frau, die mit ihrem achtjährigen Sohn in München lebt.

Jericho
Eine Liebesgeschichte
dtv 12317 und
dtv großdruck 25156

Grandhotel Bulgaria
Heimkehr in die Vergangenheit
dtv 24115
Eine Reise nach Sofia heute.

Von der Erinnerung geweckt
dtv 24153
Ein Leben in fünfzehn Geschichten.